Verlag *Die Muschel*

Die Autorin

Autorin Gudrun Pausewang, 1928 in Wichstadtl in Ostböhmen geboren, ist eine der renommiertesten Schriftstellerinnen der Gegenwart und veröffentlichte mehr als 70 Bücher, die in zahlreiche Sprachen übersetzt worden sind. Vier ihrer Werke wurden verfilmt.

Gudrun Pausewang

# Regine
# und der Medizinmann

Reisebericht

Verlag *Die Muschel*
Nagelschmiedgasse 10
50827 Köln

Von Gudrun Pausewang ebenfalls im Verlag *Die Muschel* erschienen:

Der Herr des Vulkans
Aufstieg und Untergang der Insel Delfina


Gestaltung: Mathias Lück
Layout: Sandra Meckler
Umschlagbild: Heiner Heine
Fotos Innenteil: Regine Rehm
Herstellung: Oldenbourg GmbH, Monheim

ISBN 3-936819-06-8

Zitat auf S.32 von:

Angelika Gardiner, Zeitschrift *Brigitte*, Nr. 21, 1998.

16. Januar 2003, kurz nach 17 Uhr. Ankunft auf dem Rhein-Main-Flughafen. Gestern war ich noch am Ende der Welt. Alle meine Phantasie hätte nicht ausgereicht, mich diese Geschichte erfinden zu lassen, die ich während der letzten sieben Monate tatsächlich erlebte.

Ich kann es noch nicht fassen!

An einem der ersten Junitage vergangenen Jahres erhielt ich einen unscheinbaren Brief. Er fiel mir nur deshalb auf, weil er chilenische Briefmarken trug.

Da ich von 1956 bis 1961 an der deutschen Schule Temuco in Südchile unterrichtet hatte, wunderte ich mich nicht sonderlich. Obwohl ich in den letzten Jahren mit niemandem mehr in Chile korrespondierte – alte Freunde aus der Temucaner Zeit waren gestorben oder man hatte sich auseinandergelebt –, erreicht mich doch noch dann und wann der Gruß eines ehemaligen Schülers, der sich an die blonde junge Lehrerin seiner Kinder- oder Jugendtage erinnert. (Die meisten meiner damaligen Schüler haben ihren 50. Geburtstag schon hinter sich. Und ich habe vor ein paar Tagen meinen 75. gefeiert!)

Ich drehte den Brief um und las den Absender:

Regine Rehm, Postfach, Carahue/Chile.

Jetzt wuchs meine Neugier: Dem Namen Regine Rehm war ich noch nie begegnet. Wohl aber dem Ort Carahue. Allerdings hatte ich in und um Carahue niemals Bekannte oder Freunde gehabt.

Es ist allgemein bekannt, daß Chile ein viertausend Kilometer langer, mehrere Klimazonen durchquerender Landstreifen ist, eingezwängt zwischen den Gipfeln der Andenkette im Osten und der Küste des pazifischen Ozeans im Westen. Die Hauptstadt Santiago de Chile befindet sich von Norden und Süden gesehen ungefähr in der Mitte. Temuco liegt rund achthundert Kilometer südlich von Santiago. Von dieser schnell gewachsenen Stadt, die heute etwa 250 000 Einwohner beherbergt, führt eine Asphaltstraße Richtung Westen. Etwa dreißig Kilometer vor der Küste, auf den Hügeln über dem Ufer des breiten Flusses Imperial, liegt das Städtchen Carahue, das kaum mehr als achttausend Einwohner zählt. In den meisten Chile-Reiseführern wird sein Name nicht einmal erwähnt.

Damals in den Fünfzigern habe ich den Ort mehrere Male mit der jetzt nicht mehr existierenden, skurrilen, altmodischen Bahn durchquert, wenn ich an die Küste fuhr. Aber ich stieg nie aus, denn Carahue hat bis heute keine touristische Anziehungskraft entwickelt. Es ist nur ein Einkaufs- und Verkaufszentrum für die im hügeligen Hinterland verstreut lebenden Kleinlandwirte. Die allermeisten von ihnen sind Angehörige des Indianervolkes der Mapuche.

Schon lange vor der Entdeckung Südamerikas waren Südchile und Südargentinien die Heimat der Mapuche – und sind es noch immer: Das Hügelgebiet rund um Carahue gehört zu ihr, ist ein ganz kleiner Teil von ihr.

Aus diesem Städtchen also kam der Brief. In ihm oder seiner Nähe lebt demnach eine Regine Rehm, offensichtlich Deutsche, die ein Postfach besitzt. Das war alles, was mir der Absender verriet. Oder konnte es sich vielleicht um eine Touristin handeln, die meine Bücher kannte, auf dem Weg von der Küste ins Landesinnere zufällig durch Carahue gekommen war und dort aus einer euphorischen Stimmung heraus einen Brief an mich geschrieben hatte? Nein. Eine Touristin hätte kaum meine genaue Adresse mit auf die Reise genommen. Und als Absender hätte sie kein Postfach angegeben.

Ich riß den Umschlag auf und las mit wachsendem Staunen den handgeschriebenen Brief:

*15. 5. 02*

*Liebe Gudrun Pausewang!*

*Jetzt kann ich schon fast sagen, daß ich Ihnen seit Jahren schreiben wollte und es irgendwie immer rausgeschoben habe.*

*Es liegt wohl daran, daß ich Sie nicht kenne und zudem sehr großen Respekt vor Ihnen habe wegen Ihrer so wunderschönen Bücher ...*

*Aber ich erzähle Ihnen erst mal, wer ich bin, ja? Ich lebe seit zwölf Jahren hier in Chile. Die ersten zwei Jahre habe ich mit "Eirene", dem internationalen christlichen Friedensdienst (Neuwied),(...) als Krankenschwester in Santiago mit Frauen aus einer Población gearbeitet. Im Jahr '92 bin ich nach Temuco zu einer Mapuche-Organisation übergewechselt, mit der ich schon aus Tübinger Zeiten und der Solidaritätsarbeit in Santiago Kontakt gehabt hatte.*

*Dort habe ich meinen heutigen Lebenspartner kennengelernt. Victor ist genau in dieser Zeit zum Machi berufen worden und seither leben wir hier, 11 km entfernt von Carahue. Der Umzug aufs Land war für mich ein Sprung ins Ungewisse. Ihr Buch „Rosinkawiese" hat mir damals sehr viel Mut gemacht. (Das wollte ich Ihnen schon immer schreiben!) Bei den ersten Anfängen hier sind mir Ihre Eltern zum großen positiven Vorbild geworden. Das Buch hat einen ganz besonderen Platz in meinem Herzen.*

*Ja, und inzwischen fühle ich mich hier ganz an meinem Platz. Ich wollte um keinen Preis zurück in die Stadt. Ich hätte nie gedacht, in welcher Weise die Natur einen begleiten kann und immer Gleichgewicht schenkt. Es gibt so viele Menschen, die meinen Weg nicht verstehen können, aber ich denke, jeder muß seinen Weg finden, und es gibt ja auch unergründliche Gründe (ich nenne es Schicksal im positiven Sinne), die einen das leben lassen, was man lebt!*

*Wir leben hier in der Comunidad von Victor, haben inzwischen zwei Kinder, Lifko (9) und Ayen (4). Lifko geht auf die kleine Landschule: 10 Kinder, ein Lehrer, 1. – 6. Schuljahr. Sie kennen das ja sicher zu gut aus Ihrer Kindheit!*

*Ich bin hier zu Hause, kümmere mich um Haus und Garten, Schweine, Hühner und habe vor kurzem in unserer Frauengruppe in der Comunidad zu weben gelernt in der traditionellen*

*Technik der Mapuche. Es ist eine sehr schöne, entspannende Arbeit.*

*Victor arbeitet als Machi. Bei uns werden auch öfter Patienten beherbergt. In Chol Chol unterrichtet er an einem Liceo Kultur, Religion und Medizin der Mapuche für Schüler, die als „Paramedicos"* (etwa: Schwesternhelfer – G.P.), *die Schule verlassen. In Temuco gehört er jetzt auch noch zur Kommission „Historische Wahrheit": Die Mapuche sollen ihre Geschichte aus ihrer Sicht erzählen. Das ist keine leichte Aufgabe. Sie sind ja noch nicht mal als Volk anerkannt!*

*Ja, liebe Gudrun Pausewang, wir stecken jetzt mitten im Herbst, und es regnet schon ordentlich. Endlich haben wir auch Strom hier, und so können wir die dunklen Abende ein bißchen besser nützen. Es ist eine schöne Jahreszeit, das Leben konzentriert sich mehr nach innen, und es ist so gemütlich.*

*So, jetzt habe ich Ihnen ein bißchen erzählt. Ich wollte Ihnen einfach sagen, daß ich viele Ihrer Bücher gelesen habe und sie mir sehr gut gefallen haben. Sie sind sehr einfühlsam und hinterlassen ihre Spuren.*

*Falls Sie sich mal wieder auf Reisen machen sollten und nach Chile kommen, sollen Sie wissen, daß Sie bei uns herzlichst willkommen sind und die Türen für Sie weit offenstehen! Wir haben Platz und Betten, und ich würde mich riesig freuen.*

*Ich grüße Sie unbekannterweise ganz herzlich und wünsche Ihnen einen herrlichen Frühling mit vielen schönen Momenten!*

*Ihre Regine Rehm*

Ich war sprachlos.

Im ersten Augenblick staunte ich nur darüber, was Bücher bewirken können. Dann wurde mir bewußt, was für ein ungewöhnliches Leben aus diesem Brief schimmerte: Eine junge Deutsche im Tübinger Raum, die sich verpflichtet fühlte, anderen Menschen zu helfen und sich deshalb – wahrscheinlich noch als Schülerin – schon während der letzten Jahre des

Pinochet-Regimes für die Belange der Exilchilenen in Deutschland einsetzte, war nach Chile gegangen. Dort engagierte sie sich für Frauen eines Armenviertels. (Wie ich später erfuhr, brachte sie ihnen in Kursen die einfachsten Regeln von Hygiene und Krankenpflege bei.) Nach zwei Jahren beschloß sie, sich dem Kampf der Mapuche für ihre Rechte zu widmen und zog deshalb nach Temuco, der zentralen Großstadt im Indianerland. Dort lernte sie Victor kennen – einen Mapuche, der ihr Lebenspartner wurde. Sein Beruf – und wie sie schrieb, wurde er wirklich dazu berufen! – ist *Machi*, eine Kombination von Medizinmann und religiösem Führer.

Regine, die Partnerin eines indianischen Medizinmannes?

Mit dem Mut der Jugend sprang sie aus dem mehr oder minder Gewohnten ins Ungewisse, indem sie mit ihm aus Temuco, der Viertelmillion-Einwohner-Stadt, hinaus in die Pampa auf sein mütterliches, kleinbäuerliches Anwesen bei Carahue zog, wo sie nun in einer Mapuche-*Comunidad* (Lebensgemeinschaft – G.P.) wohnt. Das heißt, sie lebt mitten in der Kultur und im Alltag der Mapuche. Bis vor kurzem mußte sie ihre Abende noch mit Kerzen erhellen.

Zwei Kinder hat dieses ungewöhnliche Paar. Der neunjährige Sohn besucht zusammen mit neun anderen Mapuchekindern eine einklassige Volksschule.

Und an mich geriet sie, weil ich vor über zwanzig Jahren das Buch „Rosinkawiese“ geschrieben hatte. Darin schilderte ich, wie sich meine Eltern als idealistisch ausgerichtetes Paar – sie 22, er 25 Jahre alt – einer während der Zwanziger Jahre in der Jugendbewegung sehr populären Reformidee verschrieben: ein brachliegendes Stück Land zu besiedeln, es nach und nach durch schwere körperliche Arbeit im Einklang mit der Natur in einen „Garten Eden“ zu verwandeln und von seinen Erzeugnissen zu leben. Das taten sie: Einen Kilometer vom Heimatdorf meines Vaters entfernt, in Ostböhmen, erwarben sie zwei Hektar unfruchtbare Wiese rund um einen großen Entwässerungsteich der Gemeinde, bauten darauf ein einfaches kleines Holzhaus und begannen ihren Traum in die Realität umzusetzen. Wohl hatte mein Vater Landwirtschaft studiert, aber er war nicht auf einem Bauernhof, sondern in einem Lehrerhaushalt aufgewachsen. Und meine Mutter, ausgebildete Jugendleiterin, stammte aus der Großstadt: Ihr Vater war ein wohlhabender Geschäftsmann in Saarbrücken gewesen. Jetzt lernte sie mit Spaten, Hacke und Rechen umzugehen, Ziegen zu melken, Hühner zu füttern, Gemüse anzubauen und Obst einzukochen. Am Beispiel meiner Eltern ist mir bewußt geworden, wieviel Kraft eine Idee dem Körper geben kann!

Die beiden jungen Leute schafften sich in einem geradezu rührenden Gottvertrauen ein Kind nach dem anderen an. Wenn es an Geld fehlte – und es fehlte fast immer! – , wurde meine Mutter kreativ: Sie flocht Grabkränze vor Allerheiligen, verkaufte Blumensträuße und Erdbeeren aus dem Garten, vermietete während der Zeit der Großen Ferien Zimmer an „Sommergäste", sie nähte sich ihre und unsere Kleider selbst; sammelte Pilze und Beeren und zauberte Gerichte auf den Tisch, die nichts kosteten.

Aber der Abend meiner Eltern gehörte der Kultur. Da lasen die beiden einander vor, diskutierten über Gott und die Welt oder sangen und musizierten. Und mein Vater schrieb kleine Essays, für die sich selten ein Verlag interessierte.

Das waren die Jahre meiner Kindheit. Wir lebten materiell überaus bescheiden, „von der Hand in den Mund". Wir liefen barfuß, wenn das Wetter es nur irgend erlaubte, um die Kosten für den Schuhmacher zu sparen. Die Jüngeren trugen die den Älteren zu klein gewordene Kleidung auf. Die meisten Spielsachen, die auf dem Weihnachts- und Geburtstagstisch lagen, stellten meine Eltern selber her. Süßigkeiten? Gab es nicht. Aber wir Kinder fühlten uns auf der Rosinkawiese geborgen und wünschten uns kein anderes Leben, weil wir kein anderes kannten.

Dieses einfache, naturverbundene Leben, vor allem aber wohl der Sprung meiner Mutter aus dem gutbürgerlichen Ambiente ins Außenseitertum, in die materielle Kargheit, gleichzeitig aber mitten in die Natur, hatte dieser Regine, die wohl auch aus einer Stadt kam, Mut gemacht, selbst den Sprung ins Ungewisse, in ein ihr bisher ungewohntes ländliches Leben, noch dazu in die fremde Welt der Indianer zu wagen.

Für mich stand keine fünf Minuten nach der Lektüre des Briefes der Entschluß fest: Ich nehme die Einladung an! Ich war schon damals, als junger Mensch, aus Neugier auf das, was das Leben zu bieten hat, nach Südamerika gegangen. Und neugierig auf die ungeheure Fülle von Lebensvariationen bin ich noch immer. Diese Reise – was für eine Herausforderung! Was für eine Chance!

Ich fragte niemanden, was er zu meinem Vorhaben meine. Ich wußte im voraus, was ich zu hören bekommen würde: „Hast du ganz vergessen, wie alt du bist? Und der lange Flug – 15 Stunden oder noch mehr! Denk doch an die Thrombosegefahr! Und wer weiß – vielleicht mußt du dort auf einem Strohsack schlafen ... Und das Ungeziefer und die mangelhaften hygienischen Verhältnisse und ... und ... und ... !"

Nein, eine Reise wie die genormten Gesellschafts-, Bus- oder Flugreisen von Drei-Sterne-Hotel zu Drei-Sterne-Hotel mit festem Programm im Sightseeing-Bus würde das nicht werden. Aber diese Art zu reisen hat mich noch nie gelockt. Vor dem Alleinreisen habe ich mich nie gefürchtet. Mich reizt das Unberechenbare einer Reise: Überraschung, Zwischenfall und Zufall. Engpässe und unvorhergesehene Probleme, auf die es flexibel zu reagieren gilt, durchaus inbegriffen. Zum Glück verfüge ich noch über elastische Nerven.

Gleich am nächsten Vormittag erkundigte ich mich auf einem Reisebüro nach den Konditionen einer Flugreise nach Temuco. Sie waren akzeptabel. Und so schrieb ich voller Vorfreude an Regine Rehm, ging auf ihre Einladung ein, fragte sie, ob sie ernstgemeint sei und, falls ja, ob ihr der Dezember für meinen Besuch passe. (Ja, Ende Dezember – Anfang Januar, das schien mir eine gute Zeit für meine Reise zu sein: Dann ist in Chile Hochsommer.

Es wurde ein sehr langer Brief. Ich erzählte ihr von meinem Leben, unter anderem von den fünf Jahren an der Deutschen Schule in Temuco. Und ich stellte allerlei Fragen, die ihr Leben und meine Reise betrafen.

## 2

Die Antwort kam prompt, diesmal zu meinem Erstaunen computergeschrieben:

*15. 6. 02*

*Liebe Gudrun Pausewang,*
*ich möchte mich als allererstes ganz herzlich bei Ihnen für den Brief bedanken, der letzte Woche in meinem Postfach lag. Ich hab' mich riesig gefreut und hätte nie gedacht, daß Sie so schnell und spontan zurückschreiben würden ... Um so größer mein Dank! Ja, und die Aussicht, daß wir uns vielleicht mal wirklich gegenüberstehen werden und Sie mir von der Rosinkawiese erzählen und noch von so vielem mehr, läßt mein Herz tatsächlich ein bißchen höher schlagen. Wie gesagt, die Türen stehen hier weit offen, und ich würde mich riesig freuen, wenn Sie kommen würden. Der Dezembermonat ist schön hier, und wir sind auf alle Fälle da. Also ... herzlich willkommen. Ich verwöhne gerne unsere Gäste. Victor habe ich auch von Ihrem Brief erzählt ...*

*Liebe Gudrun Pausewang, ich schreibe Ihnen heute auch per Computer und muß Ihnen gestehen, daß ich oft die gleiche Entschuldigung wie Sie vorbringe: Es geht so viel schneller, kommt aber deshalb nicht weniger von Herzen!*

*Ja, was Sie von Ihrer Zeit hier in Temuco an der Deutschen Schule geschrieben haben, war für mich sehr interessant, und ehrlich gesagt habe ich mir schon gedacht, daß Sie sich in diesem Milieu nicht so ganz heimisch gefühlt haben. Aber gerade solche Erfahrungen tun ja auch manchmal ganz gut und lassen aufwachen. Ich habe mit der Deutschen Schule und den ganzen eingesessenen Deutschen hier gar nichts am Hut, es trennen uns Welten, und ich fühle mich unter den „einfachen" Menschen viel mehr zu Hause. Damit Sie noch ein bißchen mehr von uns hier erfahren, hab' ich Ihnen einfach noch den letzten Rundbrief an meine Freunde und Familie ausgedruckt. Schon ein bißchen veraltet, aber doch nicht zu sehr.*

*Ja, es gibt so viel zu erzählen. Die Briefeschreiberei ist für mich ein wichtiger Teil meines Lebens. Vielleicht kompensiere ich damit auch ein bißchen meine Sehnsucht nach meinen deutschen Freunden und meiner Familie. Im Moment lebe ich mit meinen Kindern die Zeit der riesigen Vorfreude auf das Wiedersehen mit Eltern und Geschwistern. Am 26.6. fliege ich mit ihnen für 6 Wochen nach Deutschland. Ich werde Sie dann auch mal versuchen anzurufen, ja? Meine Familie lebt in Süddeutschland zwischen Heilbronn, Nürtingen und München.*

*Für Lifko habe ich um Erlaubnis in der Schule gebeten. Mit vielen Hausaufgaben bepackt, darf er gehen. In so kleinen Landschulen ist das alles viel einfacher zu regeln. An Regentagen fehlen sowieso oft viele Schüler, weil es hier komischerweise immer noch kein richtiges Regenzeug für Kinder gibt.*

*Aber bevor wir fliegen, werden wir noch mit Freuden das Mapuche-Neujahr feiern: Das ist hier die längste Nacht im Jahr, Anfang eines neuen Zyklus in der Natur. Die Sonne schlägt eine neue Bahn ein und kommt uns wieder näher ...*

*Draußen strahlt gerade die Sonne, aber es ist bitterkalt, und morgens ist hier alles weiß durch die dicke Frostschicht. Wunderwunderschön, aber eben kalt. Ich lege morgens immer gleich Holz im Ofen auf und habe jetzt noch einen kleinen Tisch gebaut, an dem wir dann direkt vor dem Ofen frühstücken und zu Abend essen. Sehr gemütlich. Ich muß den Kindern auch immer die Wäsche am Ofenrohr anwärmen. Und abends gehen wir eigent-*

*lich immer noch mit einer Wärmflasche ins Bett. Ich kann mir nicht vorstellen, daß wir jetzt bald vielleicht schwitzen müssen!*

*Victor ist seit Montag unterwegs. Er war mit einer Delegation in Valparaíso im Kongreß, wo sie die Möglichkeit hatten, mit den Senatoren zu sprechen und zu begründen, warum sie als Volk anerkannt werden wollen. Ob's was bringt? Zumindest sind sie angehört worden, was ja schon mal ein Schritt ist. Ab dem Moment ihrer Ankunft bis zur Abfahrt sind sie streng bewacht worden, es ging sogar soweit, daß sie aufs Klo begleitet wurden. Ich finde dieses Verhalten ziemlich provozierend. Alle Mapuche werden jetzt mehr oder weniger als potentielle Terroristen angesehen.*

*Gestern war Victor in Chol Chol in der Schule, wo er nächste Woche als Machi das Neujahr feiern soll. Vor ein paar Tagen waren die Rektorin, Lehrer, Schüler und Elternbeirat bei uns, um ihn offiziell einzuladen. Sehr nette Leute. Heute hält er eine Fortbildung mit 40 Leuten einer Generation. Morgen ist auch etwas Wichtiges. Ich hoffe, daß wir ihn morgen abend wieder zu sehen bekommen.*

*So, ich komme jetzt zum Schluß, das Brot muß in den Ofen, und ich muß noch die Wäsche reinholen ...*

*Alles erdenklich Gute und viele herzliche Grüße!*

*Ihre Regine Rehm*

Darunter fand ich noch – in Handschrift – Adresse und Telefonnummer ihrer Eltern in Nürtingen. Dort sei sie zwischen dem 27.06. und dem 4.08. zu erreichen.

Und da war auch noch der Rundbrief, den sie im vorangegangenen Januar an ihre Freunde und Verwandten geschickt hatte. Er war also, als ich ihn las, schon ein halbes Jahr alt:

*Ihr Lieben alle,*
*es ist wieder viel Zeit vergangen. Bei vielen habe ich mich schon monatelang nicht mehr gemeldet, von anderen erwarte*

*ich immer noch Antwort, und es gibt auch einige Freunde, bei denen ich mich einfach mal wieder melden will, weil ich trotz der leider weniger werdenden Kontakte immer wieder an euch alle denke. Manchmal überkommt mich dann fast eine Sehnsucht danach, viel Zeit zu haben, um alle Freunde mal wieder in Ruhe sehen zu können und ein bißchen zu plaudern über all das, was sich so in den letzten Jahren getan hat ... Ich würde mich total freuen, wenn mein Postfach mal wieder fast aus den Angeln platzen würde wie zu alten Zeiten. Ich glaube, es läßt sich nicht vermeiden, daß Kontakte über diese große Distanz und lange Zeit weniger werden, und trotzdem merke ich, daß sie mir nach wie vor immer noch sehr wichtig sind, weil ihr auch immer wieder zumindest in Träumen bei mir seid und ich dann morgens sehr glücklich aufwache.*

*Ja, erst mal wünsche ich euch noch nachträglich ein ganz gutes neues Jahr, in dem die positiven kleinen Dinge im Vordergrund stehen. Ich glaube, daß wir dieses Jahr unsere Wünsche weniger auf das persönliche Wohl und Glück konzentrieren sollten, sondern vielmehr auf den Wunsch nach Vernunft, Frieden und Bescheidenheit auf der Welt. Der Krieg in Afghanistan ist für mich so unbeschreiblich belastend, daß ich es manchmal als hochmütig empfinde, wenn ich hier am Herummeckern bin. Er macht mich traurig und wütend, und mir fehlen die Worte, um mein ganzes Unverständnis auszudrücken. Ich denke nur oft: Hier in Chile wurde am 11. September 1973 der Militärputsch mit der Unterstützung der USA durchgeführt. An diesem Tag starben 10.000 Menschen...*

*Aber jetzt will ich noch ein bißchen hier aus unserer Welt erzählen, vom August an:*

*Den Winter haben wir diesmal sehr gemütlich und gut verbracht, dank des elektrischen Stroms, den wir nun haben. Wir konnten basteln, lesen und schreiben. Und dann ist ja Anfang des Jahres der Weg geschottert worden. Es war der erste Winter, in dem wir mit dem Auto bis nach Hause fahren konn-*

*ten. Das ist schon ein irrer Luxus, und ich denke manchmal daran zurück, mit welcher Selbstverständlichkeit wir den Weg früher gelaufen sind.*

*Ich war auch häufiger unterwegs als in früheren Jahren. Freitags und samstags habe ich an der Uni in Temuco ein Diplom für Interkulturelle Medizin erworben, in dem Mapuche und Chilenen aus dem Gesundheitsbereich beteiligt waren ... Es ging um die Schulmedizin und um traditionelle Mapuche-Medizin: inwieweit man diese zwei so unterschiedlichen Systeme einander näherbringen kann. Victor und sein Freund José haben uns als Lehrer noch mehr in die Mapuchewelt eingeführt. (Je tiefer man in diese Welt eindringt, desto größer wird sie und um so schwieriger wird es, sie zu verstehen.) Wir haben uns unter Anleitung einer Anthropologin in die Mapuche-Geschichte vertieft, hatten Unterricht bei zwei Australierinnen, die Heilpflanzenkunde an einer Uni in ihrer Heimat studiert hatten, hörten von den Erfahrungen eines spanischen Psychiaters in transkultureller Psychiatrie und einer bolivianischen Aymará, die nach den Traditionen ihres indianischen Volkes arbeitet. Hier an der Seite von Victor lebend, hatte ich natürlich schon einen kleinen Vorteil, weil mir die Mapuche-Medizin in den Jahren, die ich hier weile, sehr vertraut geworden ist.*

*Ich habe es auch genossen, einfach mal wieder ein bißchen aus dem Haus zu kommen, Leute kennenzulernen und etwas ganz für mich zu tun – obwohl ich auch sagen kann, daß ich in den Jahren vorher nicht das Gefühl hatte, hier auf dem Lande etwas zu verpassen. Alles kommt zu seiner Zeit. Die zwei Tage in der Stadt waren aber auch mehr als genug, um dann wieder froh hier aufs Land zurückzukommen, ohne den ganzen Trubel drumherum. In Temuco habe ich immer bei Barbara und Jens gewohnt, deutschen Freunden, die über den DED* (Deutscher Entwicklungsdienst – G..P.) *hier waren und jetzt leider auch schon wieder zurück nach Deutschland gereist sind ...*

*Anfang September hatte Victor wieder seine große Zeremonie als Machi, um seine Kräfte zu erneuern und neues Wissen zu erlangen. Dazu kam ein anderer Machi her, der die Heilzeremonie übernahm. Sie dauerte die ganze Nacht. Zum Glück hatte ich viele gute Freunde und Freundinnen, die mir das Pferd zu verarbeiten bzw. zu grillen und zu kochen halfen. Die Zeremonienhütte war so voll, daß sogar ein paar Leute draußen bleiben mußten. Es waren insgesamt etwa sechzig Leute in der Nacht, fast hundert tagsüber da. Dazu kam noch, daß ausgerechnet in dieser Frostnacht unsere Sau ferkelte und wir oft zu ihr mußten, um die Ferkel anzulegen. Sie wären fast erfroren. Die Zeremonie endete sehr schön mit Vogeltänzen, bei denen auch Lifko wieder mitgemacht hat. Das ist oft der krönende Abschluß, bei dem es viel Spaß und Gelächter gibt. Und ich bin dann froh, daß ich es mal wieder mit Hilfe von vielen geschafft habe, diese zwei Tage zu überstehen. Aber es wird jedes Jahr leichter für mich, ist also inzwischen kein so großer, fast unüberwindbarer Berg mehr.*

*Ein paar Tage später kam meine erste Mapuche-Nichte auf die Welt. Victors Bruder Miguel lebt jetzt mit seiner achtzehnjährigen Frau Claudia und dem Kind bei seiner Mutter neben uns. Für mich ist es schön, sie in der Nähe zu haben. Mit Claudia verstehe ich mich sehr gut.*

*Ja, die Kinder werden immer größer, und ich kann's nicht fassen, wie schnell das geht. Lifko ist ein großer Bub, der jetzt in die dritte Klasse kommt. Er geht gern in die Schule, aber macht extrem ungern Hausaufgaben. Da gibt's dann auch öfter mal Ärger, obwohl es mir früher ja nicht anders ging ... Vor kurzem ist er mit seinem Freund Nicolas in der Nachbarschaft fischen gegangen und mit acht Fischen stolz heimgekehrt. – Ayen mit seinen vier Jahren redet inzwischen alles und scheut sich auch nicht, mit mir holprig deutsch zu reden. Er hilft mir bei den Hühnern und Schweinen, ist viel draußen, liebt die schwarze Katze, spielt mit Autos und Schiffchen, wenn ich nebenher wasche, und ist ein großer Beobachter und Schweiger, wenn wir unter Leute kommen.*

*Victor ist sehr, sehr viel unterwegs. Dieses Jahr hat er an einer Schule und der Uni einmal pro Woche Mapuche-Medizin und Kosmovision unterrichtet, alle zwei Wochen hat er Stadtratsitzung in Carahue – und immer einen Haufen Einladungen. Seit kurzem ist er in die Kommission „Historische Wahrheit" gewählt worden, die von der Regierung unter der Schirmherrschaft des Ex-Präsidenten Alwyn ins Leben gerufen wurde. Dieser Kommission werden Gelder zur Verfügung gestellt, um den Mapuche die Möglichkeit zu geben, innerhalb von zwei Jahren ihre eigene Geschichte aus ihrer Sicht zu schreiben. Dafür muß viel koordiniert und organisiert werden. Es ist eine irre Chance, dabei mitzumachen, aber auch eine Riesenverantwortung. Es muß ja alles so geregelt werden, daß es zwischen den einzelnen Gruppen der Mapuche keinen Ärger gibt. Fragt sich nur, ob die Zeit wirklich reicht, um eine so wichtige und große Arbeit gut zu bewältigen.*

*Es haben sich auch schon wieder Patienten angemeldet.*

*Ja, und ich bin mit meinem Leben sehr zufrieden, trotz Tiefs oder nervigeren Zeiten, die nicht zu vermeiden sind. Das Leben auf dem Land erfüllt mich, ich habe immer viele Ideen und Lust, Neues auszuprobieren und hätte gern mehr Zeit für alles. Meine Truthahnzucht ist den Bach runter, nachdem die Truthenne gestorben ist, weil sie bei dem Regenwetter ihr Nest nicht verlassen hat. Jetzt plage ich mich mit Hühnerläusen im Stall ab. Was es nicht alles gibt – ! In unserer Comunidad hat sich jetzt eine Frauengruppe gebildet, mit der wir uns ab März wöchentlich treffen wollen, um das Weben zu lernen. Ich will mal sehen, ob ich jetzt in den Sommerferien noch schnell das Spinnen lernen kann, um die Wolle fertig zu haben. – Bald ist Apfelernte, und ich will dieses Jahr ganz viel Apfelsaft machen, nachdem mein Probeversuch im letzten Jahr geglückt ist. Jetzt vor der Ernte wollen wir noch für eine Woche wegfahren, Freunde auf der anderen Seite der Kordillere besuchen und eine Radtour machen an Vulkanen vorbei und durch Naturparks. Darauf freue ich mich schon.*

*Zu Weihnachten hatten wir Besuch von einem Mapuche-Freund aus Argentinien. Der 24. Dezember war extrem heiß, und wir sind zum Zeitvertreib zum Fluß baden gegangen. Gestern haben wir zum Einstieg ins neue Jahr mit einer befreundeten Großfamilie einen Ausflug ans Meer gemacht, ein Schaf gegrillt und zum ersten Mal seit langer Zeit wieder im Pazifik gebadet. Sehr kalt, aber sehr schön. Dem Meer wird enorm viel Respekt entgegengebracht. Wir sollen nicht laut schreien, und es ist gut, das Meer um Erlaubnis zu bitten, in ihm baden zu dürfen, und ihm nach dem Bad zu danken für das schöne Erlebnis.*

*Euch allen alles, alles Gute, fühlt euch fest umarmt, ich denke an euch!*

*Regine*

Nun wußte ich schon etwas mehr über Regine und ihr Leben. Ich erkannte, daß auch sie neugierig ist: Sie interessiert sich für alles, was um sie herum geschieht, und versucht es zu verstehen, ja hinter die Dinge zu schauen. Wenn es sich um ein Können handelt, reizt es sie, es zu erlernen. Sie liebt das Leben auf dem Land, identifiziert sich mit den Mapuche, nimmt teil an Victors beruflichem Leben.

Trotzdem bemüht sie sich, die inneren und äußeren Beziehungen zu Verwandten und Freunden im fernen Deutschland nicht verkümmern lassen. Sie lebt also – zumindest seelisch – in einer Art Spagat.

Hätte ich nicht selber ein paar Jahre in Südchile gelebt, wüßte ich so gut wie nichts über die Mapuche. Dagegen begegnet man der Geschichte der Inka, Azteken und Maya im Zusammenhang mit der Eroberung Mittel- und Südamerikas bereits in der Schule. Aber auch das, was ich wußte, war mir für die bevorstehende neue Begegnung mit ihnen zuwenig. Ich machte mich also während der darauffolgenden Wochen sachkundig und kam zu folgender Erkenntnis: Die Mapuche sind ein sehr spirituelles Volk. In ihrer Denkwelt agiert Sichtbares und Unsichtbares, Greifbares und Ungreifbares. Jedes Element besitzt eine Kraft, eine Macht, die dazu beiträgt, das Gleichgewicht innerhalb der Natur und zwischen Mensch und Natur zu erhalten. Die Mapuche sehen die Welt horizontal, nicht vertikal geordnet. Es existiert für sie keine übergeordnete Macht, also kein Gott nach unserem Verständnis. Der Mensch ist nicht mehr und nicht weniger wert und nicht wichtiger als die anderen Elemente der Natur.

Die Machis spielen dabei eine besondere Rolle: Sie sind befähigt, mit den unsichtbaren Naturmächten zu kommunizieren, so zum Beispiel bei Heilzeremonien. Als Heiler genießen sie Ansehen und gelten als anerkannte Autoritäten.

Ihre Rituale begleiten sie mit dem *kultrun* (Schlaginstrument), den *trutrucas* (Blasinstrumenten) und Holzpfeifen. Die Sprache dieses Volkes nennt sich Mapudungu. Sie soll sehr poetisch und bilderreich sein.

Mapuche – das heißt „Volk der Erde". Bis zur Ankunft der Spanier und Portugiesen lebten sie in verstreuten Siedlungen zwischen dem chilenischen Aconcagua-Tal und der Insel Chiloé wie auch in Teilen Süd-Argentiniens. Sie jagten, fischten und bauten Feldfrüchte an. Pferde waren ihnen unbekannt. Während der ersten hundert Kriegsjahre nach der ersten Begegnung mit den europäischen Eindringlingen wurde der breite Bio-Bio-Fluß zur Grenze zwischen Ureinwohnern und Conquistadoren. Diese Grenze hielten die Mapuche dreihundert Jahre lang. Weder gelang es den spanischen Kriegern, sie zu besiegen, noch den Mönchen, sie zu christianisieren, obwohl diese sie als friedliche und freundliche Menschen schilderten. Aber natürlich mußten sie von den spanischen Chronisten als kriegerisch und grausam dargestellt werden, um die Erfolglosigkeit, sie in den Griff zu bekommen, zu begründen.

Im Gegensatz zu den Inkas und Azteken kannten die Mapuche keinen zentralen Herrscher. Sie organisierten sich allein über die Familien, die jeweils von einem *Caciquen* oder *Lonco* vertreten wurden. Die einzelnen Familien konnten sehr umfangreich sein, denn dem Lonco waren bis zu zehn Frauen erlaubt. Für die Jagd oder die Ernte taten sich oft mehrere Häuptlinge zusammen. Drohte Krieg, wählten sie einen der Ihren, der sich bis dahin durch Klugheit und Tatkraft ausgezeichnet hatte, zum Führer, zum *toqui*. Nach Beendigung des Krieges gab dieser die Leitung wieder ab. Daß bei den Mapuche eine durchorganisierte Hierarchie mit einer Weisungen gebenden Regierungsspitze nicht vorhanden war und daß sie weder Dörfer noch Städte anlegten, sondern in der Landschaft verstreute Einzelanwesen bewohnten, machte es den Spaniern so schwer, sie zu besiegen.

Aber natürlich war nicht zu verhindern, daß sich zwischen den Ansiedlungen der Mapuche auch Europäer und Mestizen niederließen und Raum beanspruchten. Es wurde für die Mapuche immer enger. Die spanische Sprache, spanische Lebensweise und Gebräuche fanden Einlaß in die Welt der Eingeborenen, Missionare bemühten sich zäh, Mapuche-Kinder zu gehorsamen Christen zu machen. Auf juristisch zweifelhafte Weise – viele Mapuche waren Analphabeten – brachten im 19. Jahrhundert chilenische Großgrundbesitzer immer mehr Mapuche-Land in ihren Besitz. Ein Aufstand der Mapuche wurde von der chilenischen Armee niedergeschlagen. Der Staat übergab ihre Ländereien den Kolonisten. Es war eine Zeit, in der die Mapuche der Macht des Staates ausgeliefert waren und Opfer seiner Willkür wurden, indem er sie um ihre Rechte und ihr Land betrog.

Im 20. Jahrhundert mußte sich das Volk der Mapuche vor allem gegen das Bestreben des chilenischen Staates und der katholischen Kirche wehren, in die chilenische Gesellschaft integriert zu werden. Besonders unter der Militärdiktatur Pinochets hatten die Mapuche sehr zu leiden. Aufgrund eines neuen Gesetzes wurde ihr letztes gemeinsames Land in einzelne kleine private Besitztümer zerstückelt, Mapuche-Zusammenschlüsse wurden rigoros bekämpft, viele ihrer Führer und

Mitarbeiter, denen die Flucht nicht rechtzeitig gelang, ermordet und heimlich verscharrt. Erst Jahre später, als Pinochet längst nicht mehr Regierungschef war, fand man ihre Leichen.

Heute, nachdem wieder demokratische Verhältnisse in Chile herrschen, stehen die Organisationen der Mapuche in ihrem Bemühen, Anerkennung als Volk, bessere Lebensbedingungen und die Rückgabe ihrer ehemaligen Ländereien zu erreichen, mit der Regierung in neuen Verhandlungen.

## 3

Ein paar Tage, nachdem Regine in Deutschland angekommen sein mußte, rief ich sie in Nürtingen an. Sie selbst war am Apparat. Ihre Stimme klang frisch und jugendlich. Offenbar über meinen Anruf erfreut, erzählte sie mir, daß sie verschiedene Fahrten vorhabe, um Verwandte und Freunde wiederzusehen. Ihre Buben lasse sie während ihrer Abwesenheit bei ihren Eltern. Ich fragte sie, ob sie während ihres Deutschlandaufenthaltes auch in meine Nähe komme. Als ich erfuhr, daß sie am nächsten Sonntag ihre Freundin mit Familie in Kassel besuchen wolle, schlug ich ihr vor, die Fahrt Nürtingen-Kassel in Fulda zu unterbrechen.

„Wenn Sie nur eine Stunde übrighaben, setzen wir uns in Fulda ins Bahnhofscafé“, sagte ich. „Wenn Sie aber eine Fahrtunterbrechung von drei Stunden einplanen können, reicht die Zeit, um Sie zu einem gemeinsamen Mittagessen abzuholen oder zum Kaffee bei mir daheim. Danach bringe ich Sie wieder rechtzeitig nach Fulda auf den Bahnhof ...“

Sie sagte sofort zu. Am nächsten Tag teilte sie mir mit, daß sie in Fulda 3 Minuten nach 11 h ankomme und kurz vor 14 h wieder weiterzufahren plane.

Es war ein sonniger Julisonntag, als ich sie abholte. Auf dem Bahnsteig kam sie gleich auf mich zu: eine große, schlanke junge Frau mit unerhört blauen Augen. Ihr blondes Haar war jungenhaft kurzgeschnitten. Sie trug Jeans und ein baumwollenes, unauffälliges T-Shirt. Ihr Gepäck war ein Rucksack.

Sie strahlte Heiterkeit und Lebenszugewandtheit aus und war mir augenblicklich sympathisch. Spontan vermittelte sie mir den Eindruck, ihr vertrauen zu können. Durch das Fuldatal fuhren wir in lebhaftem Gespräch. Es war, als hätten wir uns schon lange gekannt. Von meinem großen Garten war sie begeistert. Kaum im Wohnzimmer, deutete sie auf eine dicke handgewebte Decke aus weißer Schafwolle: „Das ist Mapuche-Arbeit!"

Sie hatte recht. Ich zeigte ihr im Nebenzimmer einen Wandbehang: einen Mapuche-Poncho mit einem Muster aus schwarzer und weißer Schafwolle. Den hatte ich damals in Temuco gekauft. Er zeigt ein sehr feines, traditionelles Streifenmuster.

„Das ist der schönste Mapuche-Poncho, der mir je begegnet ist", meinte sie. „So schöne Arbeiten gibt es jetzt gar nicht mehr. Denn dafür braucht man viel Zeit, und die wird nicht bezahlt."

Sie hatte mir ein Geschenk mitgebracht: GROSSMUTTERS BILDER-FOTO-VORLESEBUCH. Vor ein paar Jahren, als Ayen noch nicht geboren war, hatte sie ihrer Mutter zum Geburtstag aus Fotos, die Lifko, Victor, sie selbst, ihr Heim, ihr Leben in Chile zeigen, ein Album zusammengestellt. Was ich nun bekam, war eine Farb-Fotokopie dessen. Es ist mehr als nur ein Fotoalbum. Wo man es auch aufschlägt, stets ist nur auf der rechten Seite ein Foto zu sehen. Der Text auf der linken Seite – in deutlicher Handschrift mit dickem schwarzem Stift – erzählt aus der Sicht des kleinen Lifko, also in der Ich-Form, was zu sehen ist. Und rings um den Text formieren sich zarte Muster aus gerissenem Seidenpapier in verschiedenen Farben.

Zum ersten Mal sah ich Bilder, die Victor zeigen. Er trägt darauf den Kopfschmuck eines Machi: ein junger, etwas rundlicher, dunkelhaariger, ernst wirkender Mann. Auf dem Arm hält er seinen Sohn, der ihn auch sehr ernst betrachtet – wohl deshalb, weil sein Vater durch den üppigen Federschmuck, der seinen Hinterkopf weit überragt, etwas verfremdet wirkt. Daneben steht in Großbuchstaben zu lesen:

MEIN PAPA IST EIN MAPUCHE-INDIANER.
ER IST EIN MEDIZINMANN UND MACHT
KRANKE LEUTE WIEDER GESUND.
ER ARBEITET AUCH AUF DEM LAND.

Das sollte wohl heißen: Er ist gleichzeitig auch Landwirt. Aus der Sicht von Lifko sicherlich wichtig. Vor allem im Umgang mit den Tieren erlebte er seinen Vater wahrscheinlich sehr intensiv.

Neben einem anderen Bild, das Lifko zusammen mit einem zweiten kleinen Jungen und einer alten Frau zeigt, die kaum größer als die Jungen ist, stand zu lesen:

UND DAS IST MEINE GROSSMUTTER HIER.
ICH SAGE ZU IHR ABUELA. SIE SPRICHT
KEIN DEUTSCH. MIT IHR SPRECHE ICH SPANISCH.
MIT BASTI SPIELE ICH BESONDERS GERNE.

Basti ist Lifkos Vetter. Die alte Frau ist Victors Mutter, also Regines Schwiegermutter. Sie hat auf diesem Foto ein dunkles, sehr verschlossenes Gesicht. Solchen Gesichtern alter Mapuche-Frauen bin ich auch damals, in meiner Temuco-Zeit, manchmal begegnet, vor allem auf dem Markt. Daß Lifkos Großmutter kleinwüchsig und bucklig ist, erfuhr ich von Regine.

Wieder einmal wurde ich neugierig: Von einem dazugehörigen Großvater war nicht die Rede. Ihre beiden Söhne hatte diese winzige Frau wohl allein großgezogen. Was mag das sicher schwere Leben aus ihr gemacht haben? Aber der Zeitpunkt, danach zu fragen, schien mir noch nicht gekommen. Während meines Aufenthalts in Quillem Alto – so nennt sich der Hügelhang, auf dem Regine mit ihrer Familie lebt – würde ich sicher reichlich Gelegenheit haben, Fragen zu stellen und Antworten zu erhalten.

Regine erzählte. Sie berichtete, daß sie schon vor ihrem Aufbruch nach Südamerika, während ihrer Mitarbeit im Chile-Solidaritätskomitee in Tübingen, einigen Mapuche begegnet war und durch sie die ersten Einblicke in den Existenzkampf dieses Indianervolkes erhalten hatte. In Temuco habe sie sich über beide Ohren in Victor verliebt, ohne Wenn und Aber. Daß er über sechs Jahre jünger war als sie, habe gar keine Rolle dabei gespielt, weder für ihn noch für sie. Lehrer wollte er werden. Als ihn die Naturmächte durch Krankheiten und Träume zwangen, ihrem Ruf zu folgen, also Machi zu werden, habe sie zu ihm gehalten. Nur daß er, um diesen Beruf auszuüben, aus der Stadt hinaus ins Mapuche-Land ziehen mußte, mitten hinein ins traditionelle Mapuche-Leben, habe ihr sehr zu schaffen gemacht.

Sie erzählte mir auch von dem Besuch einer Journalistin mit ihrem Fotografen im Jahr 1998, die für eine bekannte deutsche Frauenzeitschrift Berichte für eine Artikelreihe verfaßte, in der aus dem Rahmen fallende Lebensweisen deutscher Frauen im Ausland beschrieben wurden. Die beiden Leute seien sehr nett gewesen. Die Journalistin habe fest versprochen, Regine den Text vor dem Abdruck zuzusenden, um ihr Gelegenheit zu geben, noch Änderungen zu veranlassen. Aber dieses Versprechen habe sie nicht gehalten, habe Regine nur die Zeitschrift mit dem fertigen Abdruck zugeschickt. Für Regine ein Vertrauensbruch, der weh tat.

„Ich war sehr unglücklich über diesen Text“, erklärte sie mir. „Ich finde, die Journalistin hat es nicht geschafft, sich in diese Welt einzufühlen und mein Leben hier nachzuvollziehen. Dadurch entstand eine negative Grundstimmung. – Na ja, aus Fehlern wird man klug ...“

Sie versprach mir, den Artikel zuzuschicken.

Ich erfuhr, daß ihr Vater Architekt im Ruhestand ist. Ihre Mutter arbeite als Lehrerin in einer Musikschule. Sie habe noch zwei Schwestern und einen Bruder. Von ihren Eltern und Geschwistern und deren Kindern sprach sie mit großer Liebe. Auch meine Eltern waren Gegenstand unserer Gespräche. Und natürlich meine Reise zu ihr. Sie gab mir Ratschläge und bereitete mich schonend auf Unangenehmes vor: Flöhe! Im Umgang mit den Leuten vom Land sei man diesen lästigen Blutsaugern ausgeliefert. Sie empfahl mir ein Spray, dessen Geruch Flöhen die Lust am Aufenthalt in seinem Bereich vermiese.

Nun ja, kein Grund zur Panik. Auch in meiner Kindheit brachte ich Flöhe aus der Dorfschule mit heim. Flohstiche jucken. Kratzt man, so jucken sie noch mehr, doch sie sind nicht gesundheitsbedrohend.

Und noch etwas anderes brachte sie zur Sprache, was vielleicht mein Wohlbefinden in ihrem Heim beeinträchtigen könne: Es gebe keine Dusche, von warmem Wasser gar nicht zu reden. Aber es befinde sich im Gebüsch neben dem Brunnen eine freie Stelle, von der man einen herrlichen Ausblick in die Landschaft habe, in die aber niemand Einblick nehmen könne. Dorthin könne man sich einen vollen Wassereimer mitnehmen und ihn sich über dem Kopf ausleeren ...

Was soll's. Der heutige Hygiene-Standard Mitteleuropas ist noch recht jung. In meiner Kindheit auf der Rosinkawiese gab es auch keine Dusche. Im ganzen Dorf hätte man keine Dusche finden können! Wie es damals in den Dreißigern üblich war, badete man einmal in der Woche in der Wanne. An den übrigen Tagen genügte es, sich mit einem Waschlappen aus der Schüssel oder über dem Waschbecken zu waschen.

Inzwischen gehört es zu der Körperpflege eines Mitteleuropäers, sich mindestens einmal pro Tag warm zu duschen. Aber nur deswegen meine Reisepläne fallen zu lassen, weil mir dort in den Hügeln bei Carahue keine Dusche und kein Warmwasser zur Verfügung stände? Nein! Wenn meine Chile-Reise in dieser Hinsicht eine Reise in die – auch deutsche –Vergangenheit werden sollte – warum nicht? Unserer zivilisatorischen

Arroganz tut ab und zu ein Dämpfer ganz gut. Und schließlich würde dort Sommer sein, und es gab ja die nicht einsehbare Stelle im Dickicht ...

Meine Reaktion beruhigte Regine. „Eigentlich“, meinte sie, „hab’ ich das auch gar nicht anders erwartet, nach der Lektüre Ihrer ‚Rosinkawiese’...“

Wir aßen zu Mittag. Dann war es schon wieder Zeit zur Abreise. Ich gab ihr einige meiner Bücher mit, die sie noch nicht besaß und deshalb gerne haben wollte. Dann fuhr ich sie wieder zum Fuldaer Bahnhof. Inzwischen duzten wir uns schon. In der frohen Hoffnung, uns in ein paar Monaten wiederzusehen, nahmen wir Abschied voneinander.

Ich fuhr heim – aufgewühlt und mit dem Gedanken: So eine Tochter hätte ich gern gehabt!

Am nächsten Morgen bestellte ich die Flugtickets.

Ein paar Tage später erreichte mich eine Grußkarte aus Nürtingen:

*Liebe Gudrun!*
*Die kurzen Stunden bei und mit dir waren für mich ein riesengroßes Geschenk, und ich möchte mich noch mal ganz herzlich dafür bedanken. Ich fühle mich wieder ein Stück reicher durch unsere Begegnung und ich weiß, daß es noch viel, viel mehr zu reden gäbe. Deshalb bin ich schon mit viel Vorfreude auf unser Wiedersehen in Chile erfüllt ...*

*Wir bleiben in Verbindung! Alles erdenklich Gute bis dahin!*

*Deine Regine*

Ich rief sie an und bedankte mich. Und da gab es auch noch etwas anderes zu besprechen: Ich plante, mir drei Wochen Zeit für die Reise zu ihr zu nehmen. Aber fünf oder sechs Tage davon wollte ich für eine Kurzreise an die Südspitze des südamerikanischen Festlandes abzweigen, um die Stadt Punta

Arenas an der Magellanstraße wiederzusehen, dazu den Nationalpark „Torres del Paine“, der angeblich der schönste des Kontinents sein soll. 1957 war ich – 29 Jahre alt – schon einmal dort im äußersten Süden gewesen. Ich hatte diese Reise als großes Erlebnis empfunden. Alle die letzten Jahre hatte ich mir gewünscht, noch einmal dorthin zu kommen. Jetzt bot sich mir diese Gelegenheit. Das erzählte ich ihr.

„Ach“, sagte sie und seufzte, „dorthin würde ich auch gern mal reisen. Von diesem Nationalpark haben mir schon so viele Leute vorgeschwärmt ...“

Ich wußte, daß ihre Eltern die Deutschlandreisen für sie und die Kinder bezahlten. Sie konnten sich keine großen Ausgaben leisten.

„Regine“, fragte ich sie, „hättest du nicht Lust, mich auf diesem Flug nach Punta Arenas zu begleiten? Du müßtest nur die Flugreise bezahlen. Die Aufenthaltskosten während dieser Tage übernähme ich für dich.“

Sie freute sich sehr über dieses Angebot, ohne sich zu zieren. Doch sie zögerte, augenblicklich zuzustimmen. Erst wollte sie mit Victor sprechen. Er habe jetzt sechs Wochen mit all der Arbeit allein klarkommen müssen. Vielleicht wolle er nach einem so kurzem Zeitabstand nicht schon wieder auf ihre Anwesenheit verzichten? Er sei ja auf ihre Hilfe angewiesen.

Natürlich regten sich in mir bei dieser Argumentation gewisse Bedenken: War sie für ihn das dienende Weib, das sich seinen Wünschen unterzuordnen hatte? Aber noch wußte ich zu wenig über diese Partnerschaft, um mir ein Urteil bilden zu können. Ich wollte keine vorschnellen Schlüsse ziehen.

Nun, auch wenn Regine nicht mitreisen würde, wollte ich Punta Arenas, die herbe Stadt in der graubraunen Pampa, und den Nationalpark sehen. Ich bezahlte also die Flugtickets: Am 25. Dezember 2002 würde ich von Frankfurt abfliegen, am 16. Januar 2003 wieder in Frankfurt ankommen. Und von Temuco würde der Flug nach Punta Arenas am 4. Januar gehen. Fünf Tage später, am 9. Januar nachmittags, würde ich wieder in Temuco sein.

So wie auf diese habe ich mich noch selten auf eine Reise gefreut.

## 4

Dann kehrte Regine mit den Kindern nach Chile zurück. In ihrem ersten Brief nach der Ankunft schrieb sie:

*Ja, wir sind wieder seit ein paar Tagen hier, und der Abschied ist immer schwer, aber auch durchtränkt von Dankbarkeit, so viele schöne Momente mit den Eltern, Geschwistern und Freunden erlebt zu haben! Ich habe mich aber auch wieder auf unseren Alltag hier gefreut, und ich merke schon, daß ich auch hier Wurzeln geschlagen habe. Früher hing ich nach einer Deutschlandreise oft noch Wochen durch und hatte Heimweh! Seit wir unser eigenes Haus und ich auch meinen eigenen Garten und meine Viecher habe, ist es auch ein Nach-Hause-Kommen. Viele Jahre konnte ich nicht einfach tun und lassen, was ich wollte, weil wir mehr als „allegados" hier gelebt haben ...*

*... Ja, das Wetter ist erstaunlich mild, es ist fast schon ein Hauch Frühlingsluft zu spüren. Die Kinder haben sich wieder gut eingelebt, die Schweine sind munter, die Hühner legen Eier, und Victor ist sehr viel unterwegs. Leider. Gerade haben wir wieder für ein paar Tage Patienten bei uns, und das ganze Haus duftet nach Heiltränken. Gestern habe ich unser neues Waffeleisen von meinen Kasseler Freunden eingeweiht. So lecker! Ich hab' schon lang davon geträumt.*

*Bald werde ich auf alle Fälle nach Flügen fragen und wie eilig die Reservierung wäre, ja?*

*Ganz viele Grüße! Deine Regine*

Wieder ein Brief, der viel verriet. Anfangs wurde wohl vor allem sie von den Mapuche-Nachbarn als Nichtdazugehörige, als „Zu'gschmeckte", wie die Schwaben das angeblich nennen, angesehen und dementsprechend behandelt. Wahrscheinlich hatten die Mitglieder der Comunidad, der Gemeinde oder Lebensgemeinschaft, und die Verwandten auch Victor übelgenommen, eine Ausländerin zur Lebenspartnerin genommen zu haben, hatten es als Verrat an ihrem Volk angesehen. Man kennt ja ähnliche Reaktionen in unseren Breiten, wenn der Sohn sich mit einer Schwarzafrikanerin zusammentut, und kann sich vorstellen, daß die beiden anfangs kein leichtes Leben hatten. Aber nun scheint diese Außenseiterzeit hinter ihnen zu liegen, scheint Victor als Machi anerkannt und geschätzt zu sein, scheint Regine dazu zu gehören.

Der Artikel aus der Frauenzeitschrift lag bei. Ja, ich konnte Regines Kritik schon verstehen: Der Unterton dieses Textes vermittelt einen negativen Beigeschmack. „Ich gehöre halt nicht wirklich dazu", wird Regine zitiert. Die „bucklige, zwergenwüchsige" Schwiegermutter behält man nach der Lektüre als böses altes Weib in Erinnerung. Und Regines Leben wird so geschildert, daß sich viele Leserinnen wahrscheinlich kopfschüttelnd gefragt haben: „Wie kann man nur ...!"

Doch die Autorin des Artikels läßt auch ihre Sympathie durchschimmern, die sie für Regine empfindet. So zum Beispiel in diesem Satz: „Mit Frauen wie Regine Rehm könnte man Eiswüsten und Hungersteppen kultivieren, so selbstverständlich akzeptiert sie Schlichtheit und Härte ihres Lebens..."

Ich beantwortete ihren Brief. Am 4. September schrieb sie mir freudestrahlend:

*... Vorgestern habe ich meinen Flug nach Punta Arenas gebucht und bezahlt! Und jetzt freu' ich mich schon riesig darauf, weil ich bereits seit Jahren davon träume, mal dorthin zu kommen. Es ist verrückt, das Leben, aber ich hätte mir nie vorgestellt, eines Tages mit dir ans „Ende der Welt" zu reisen ...!*

*... In diesem Frühling will ich mit Bienen anfangen und warte jetzt darauf, daß ein Volk allein angeschwirrt kommt.*

*Dann brauche ich es nur noch in den Kasten zu verfrachten. Seit Jahren haben wir ein Volk hier in der Hausverschalung ...*

*... Übrigens, bei uns darfst du alles fragen, auch Victor über seinen Arbeitsbereich! Vor kurzem meinte er sogar, er könnte ja vielleicht eine Zeremonie in deine Zeit hier legen, damit du dabei sein kannst!*

*... Am Wochenende waren wir bei dem Mapuche-Begräbnis der Mutter eines Freundes. Victor und ich haben beim Kochen geholfen. 400 „sopaipillas"* (handtellergroße, in siedendem Pferdefett gebackene Teigfladen. – G.P. ) *gemacht und ein Pferd verkocht/gegrillt! Es war anstrengend, aber ein sehr schöner Abschied an einem so herrlichen Frühlingstag! ...*

Und noch ein letzter Brief aus Chile vor meiner Reise:

*1.11. 02*

*Liebe Gudrun,*
*heute nacht habe ich so viel von dir geträumt! Das ist Anlaß für mich, endlich mal wieder zu schreiben. Dein letzter Brief kam im September hier an. Die Zeit rennt so schnell, daß ich kaum hinterherkomme.*

*Ich genieße die Träume, weil das Träumen fast so ein Gefühl hinterläßt, als wäre es wirklich passiert. Sie geben mir die Möglichkeit, Dinge zu erleben, Distanzen zu überwinden und Menschen zu treffen, die ich nicht immer sehen kann.*

*Vor zwei Wochen gab es Riesenüberschwemmungen in unserer Region. Wir waren eine Woche lang von Carahue abgeschnitten. Ganz untypisch für diese Zeit. Jetzt regnet es gerade wieder, und ich bin drauf und dran, Feuer zu machen. In Viña haben am Wochenende schon die ersten Menschen im Meer gebadet, während wir hier im Süden manchmal fast noch mit winterlichem Wetter zu tun haben! Aber bis du kommst, wird es sicher freundlicher sein ...*

*Im letzten Monat habe ich für Lifko einen Poncho gewebt. Es hat einen Riesenspaß gemacht, und ich habe viel Lob bekom-*

*men. Bald werde ich eine Decke in Angriff nehmen. Ja, und seit ein paar Tagen habe ich eine Bienenfamilie hier. Am Tag nach dem Kauf ist eine neue Familie aus unserer Hauswand ausgeschwärmt, und ich war so glücklich darüber. Den ganzen Tag habe ich die Bienentraube beobachtet und verfolgt, in der Hoffnung, daß Victor bald heimkäme, um einen Bienenkasten zu kaufen! Aber am Ende war der Schwarm doch weg. Die Enttäuschung war groß. Vielleicht sollte es eine Lehre sein: daß man immer vorbereitet sein sollte ...*

*Victor wird wahrscheinlich seine große Zeremonie zur Erneuerung seiner Kräfte als Machi genau eine Woche vor deiner Ankunft veranstalten. Wegen des Vollmonds. Schade! Er hat zur Zeit auch wieder viele Patienten. Morgen kommt ein junges Mädchen, das in Santiago als Hausangestellte arbeitet und „verrückt" ist. Sie wird von ihrer Mutter begleitet. Solche Patienten sind oft anstrengend für die ganze Familie, aber auch das ist Teil unseres Lebens.*

*Gerade lese ich dein Buch „Karneval und Karfreitag". Ich will es danach einem Freund schicken, der gerade für die GTZ* (Deutsche Gesellschaft für technische Zusammenarbeit GmbH. G.P.) *in Honduras arbeitet. Am Wochenende haben wir uns hier in Chile nach vielen Jahren getroffen. Er war auf Seminarreise und ist in nobelsten Hotels abgestiegen. Er war früher auch im Chile-Solidaritätskomitee in Tübingen. Es war schon seltsam, uns jetzt - in so unterschiedlichen Umfeldern lebend - wiederzusehen. Ich bin danach wieder zufrieden aufs Land zurückgekehrt, dankbar, das leben zu dürfen, was ich lebe, ohne immer wieder Rechtfertigungen suchen zu müssen. Dieses Treffen hat mich sehr beschäftigt.*

*Heute ist „Todos los Santos"* (Allerheiligen - G.P.) *Die Leute strömen auf die Friedhöfe. Auch Victor ist gerade mit einer Unmenge Kerzen und einer Flasche Wein losgezogen. Verrückt, wie diese katholische Tradition jetzt auch wichtiger Bestandteil indianischer Tradition geworden ist. Letztendlich spielt die Religion selber gar keine Rolle. Alle pilgern zu den*

*Gräbern, und die es nicht tun, haben wahrscheinlich ein schlechtes Gewissen. In deiner „Bolivianischen Hochzeit" schreibst du ja auch darüber ...*

*In knappen zwei Monaten bist du hier. Ich bin schon sehr gespannt auf dich! Ganz viele Grüße bis bald!*

*Deine Regine*

Eine Woche vor meiner Abreise rief sie mich ganz kurz an. Sie wollte nur noch mal meine Ankunftszeit auf dem Flughafen von Temuco, die ich ihr schon lange vorher mitgeteilt hatte, bestätigt haben: 17.05 h Ortszeit.

„Wir holen dich ab!" rief sie. „Ich freu mich schon so!"

„Ich mich auch!" rief ich zurück.

Am 25. Dezember, dem ersten Weihnachtsfeiertag, bringt mich mein Sohn im Wagen auf den Rhein-Main-Flughafen. Was ich vorhabe, gefällt ihm. Er findet es durchaus nachvollziehbar, daß ich diese Reise wage. Auch er hat schon allerlei Risikoreisen gewagt, und ich habe ihn dabei immer unterstützt, obwohl ich Mutterängste ausstand, bis er wieder wohlbehalten daheim ankam.

„Bring mir einen breitkrempigen, dunklen Hut mit", sagt er beim Abschied. „So einen, wie ich ihn mir damals in Puerto Montt gekauft habe. Ich hab ihn im letzten Sommer auf der Italienreise irgendwo liegen gelassen. Kopfweite 62 - 63 cm."

Ich notiere mir die Angaben. Und für seine Freundin - die beiden erwarten im kommenden Sommer Nachwuchs - solle ich einen Mapuche-Webgürtel mitbringen.

Die Maschine fliegt pünktlich ab. Nach einer Stunde Zwischenaufenthalt in Madrid geht es im Nonstop-Flug weiter bis nach Santiago de Chile. Ich sitze am Fenster. Die Nacht zieht sich hin. Ich schlafe immer wieder ein, erschöpft vom Streß der letzten Tage.

In der Morgendämmerung wird das argentinische Andenvorland sichtbar: graubraune, hügelige Flächen, durchzogen von zum Teil ausgetrockneten Bach- und Flußläufen, die bizarre Muster bilden. Die Sonne geht auf, beleuchtet die Gipfel der Viertausender und läßt sie lange Schatten in die Täler werfen: Wir überqueren die mächtige Gebirgskette der Anden, auch Kordillere genannt, die die Grenze zwischen Argentinien und Chile bildet. Es ist ein grandioser Anblick, den man so schnell nicht vergißt.

Um 9.30 h Ortszeit landen wir auf dem Flughafen der Stadt Santiago. Erst kurz vor 16.00 h geht der Flug nach Temuco ab. Ich habe also genügend Zeit, mich umzuziehen (Winterkleider aus, Sommerkleider an), zu essen (ich halte Ausschau nach den überaus schmackhaften chilenischen gefüllten Teigtaschen, den *empanadas*, und finde sie auch), Geld zu wechseln und mir den Kurs einzuprägen: 1 Euro entspricht etwa knapp 700 chilenischen Pesos. Den Rest der reichlichen fünf Stunden Aufenthalt sitze ich über mein Tagebuch gebeugt. Draußen wabert Sommerhitze, drinnen herrscht angenehme Klimaanlagen-Atmosphäre.

Als ich die Sicherheitsschleuse passiere, wird in meinem Bordcase eine Nagelschere entdeckt. Ich muß sie abgeben. Es sei verboten, im Handgepäck Scheren, Messer und dergleichen zu transportieren. Auf dem Flughafen von Temuco angekommen, werde mir das Bordpersonal die Nagelschere wieder aushändigen.

Nun gut – wenn es denn der Sicherheit dient.

Ich sitze wieder am Fenster, auf der Seite, die der Andenkette und damit auch der Kette der Vulkane zugewandt ist. Ihre schneebedeckten Kegel schimmern in der Sonne. Unter mir liegen die Dörfer und Städte in sommerdürrer, braungelber Landschaft. Aber je weiter wir vorankommen, um so grüner wird der Süden Chiles, vor allem entlang der Flußläufe und an den Ufern der zahllosen Seen. Weiß schimmern die Zinkdächer der ländlichen Häuser, Scheunen und Schuppen herauf, verstreut in der Landschaft: Anwesen von Kleinbauern, auch Außenanlagen großer *fundos*, wie dort die Gutshöfe oder Farmen genannt werden.

Fünf Jahre lang habe ich in diesem Süden gelebt. Vor fast 47 Jahren verließ ich Deutschland, über dem um jene Zeit noch die Schatten des Zweiten Weltkriegs lagen. Jung, naiv, energiegeladen und bereit, mich den Aufgaben zu widmen, die mich erwarteten, war ich in Temuco angekommen.

Aber die deutsche Kolonie dämpfte meine Aufgeschlossenheit, kühlte meine Chile-Begeisterung. Gleich am ersten Tag wurde ich sanft ermahnt: „Ach bitte, benutzen Sie doch nicht das Wort Nazi-Zeit. Das klingt so abwertend ..." In vielen Bücherschränken begegnete ich noch Hitlers „Mein Kampf". Und wenn die Rede auf Auschwitz kam, wurde ich oft mitleidig belächelt: Wir Deutschen, die erst nach dem Krieg nach Chile gekommen waren, galten damals für viele Chile-Deutschen als Opfer amerikanischer Gehirnwäsche. Die Sache mit den Gaskammern und den Krematorien sei uns nur eingeredet worden, um uns durch Schuldgefühle klein zu halten. Hitler wurde noch immer mehr oder minder heimlich verehrt, die deutschen Sekundärtugenden wie Ordnung, Fleiß, Pünktlichkeit und Disziplin noch immer gepriesen, und insgeheim schimmerte im Umgang mit den Chilenen bei vielen Angehörigen der deutschen Kolonie noch die Arroganz des wilhelminischen Kaiserreichs durch: „Am deutschen Wesen soll die Welt genesen."

Mit den Mapuche kam ich damals so gut wie gar nicht in Berührung. Ich sah zwar die Mapuche-Frauen ihre Hühnchen, Eier, Karotten und Saubohnen auf dem Markt anbieten. Ich bewunderte im Laden eines Türken ihre wunderschönen, handgewebten Teppiche, Ponchos und Gürtel. Wenn ich über Land fuhr, begegnete ich manchmal ihren zweirädrigen Ochsenkarren. Ich erfuhr auch, daß Lautaro und Caupolican – Wörter, denen man in Chile überall auf Straßenschildern und in Schulbüchern begegnet – die Namen zweier berühmter Mapuche-Häuptlinge waren, die als Anführer ihres Volkes gegen die Spanier gekämpft und für die Freiheit der Mapuche ihr Leben geopfert hatten. Mir blieb damals nicht unbekannt, daß die

Mapuche von den Spaniern und Chilenen nie besiegt, sondern allein durch Verträge in diesen Staat eingebunden worden waren. In meiner Klasse hatte ich sogar mal – mitten zwischen deutschen und ein paar chilenischen Kindern – einen kleinen Mapuche-Schüler. José Cayupi hieß er. Sein Vater muß ein höherer Mapuche-Funktionär gewesen sein. Jedenfalls lud er mich, die Lehrerin seines Sohnes, mal ein, an einem Mapuche-Fest teilzunehmen. Ich erinnere mich, daß es viele Zeremonien zu sehen gab und viel gegessen und getrunken wurde. Aber weder erfuhr ich etwas über die Bedeutung des Festes noch trat ich mit den Anwesenden außer der Familie Cayupi in näheren Kontakt.

Das hatte seine Gründe: In der deutschen wie auch in der chilenischen Gesellschaft der Wohlhabenden genossen die Ureinwohner des chilenischen Südens einen sehr negativen Ruf. Mapuche, so erfuhren wir Neuankömmlinge bald, befänden sich auf einer noch sehr primitiven Zivilisationsstufe. Sie seien schmutzig, faul und meistens betrunken. Man wurde davor gewarnt, sich Mapuche-Anwesen zu nähern. Die Eingeborenen seien agressiv, fielen einen an, hetzten Hunde auf arglose Besucher.

Dieses Feindbild prägte sich uns Neulingen, die wir ja auf die Informationen der Alteingesessenen angewiesen waren, so gründlich ein, daß so gut wie keiner von uns je versuchte, Kontakte zu den Mapuche zu knüpfen, sich ihnen zu nähern, in ihre Kultur einzudringen. Nur ihre Websachen und ihren Silberschmuck kauften wir, bevor wir wieder nach Deutschland heimkehrten, als Souvenir.

# 5

Temuco. Ich verlasse die Maschine. Regine entdeckt mich gleich. Die ganze Familie ist zu meinem Empfang gekommen: Regine, Victor, Lifko und Ayen. Dazu Don Juan, ein alter Mapuche und Freund des Hauses, den die Familie in der Stadt traf. Sie erzählten ihm, auf den Flughafen fahren zu wollen, um eine Freundin aus Deutschland abzuholen. Als er kundtat, daß er noch nie auf einem Flughafen gewesen sei, nahmen sie ihn einfach mit. Und da ist er nun.

Regine fliegt auf mich zu, während ich noch vor dem Laufband stehe, um meinen Koffer in Empfang zu nehmen. Wir fallen uns in die Arme. Schon wollen wir uns mit dem Koffer zu den anderen durchdrängeln, die uns hinter einer Glaswand erwarten, als mir die verdammte Nagelschere einfällt. Eine Stewardess wedelt mit einem geschlossenen Umschlag: Ich habe meine gemeingefährliche Kampfwaffe wieder.

Die Begrüßung ist stürmisch: Wange an Wange rechts und links, heftige Umarmung. Nichts von höflicher Distanz, sondern überbordende Herzlichkeit. Jemand nimmt mir den Koffer ab. Wir verlassen das Flughafengebäude, dessen Größe etwa der des Bahnhofs einer deutschen Kleinstadt entspricht, und steuern auf den dunkelblauen, schon bejahrten und verstaubten Pick-Up zu, der uns auf dem winzigen Parkplatz erwartet. In Chile wird diese Art von Kleintransporter Camioneta genannt.

Victor sitzt hinter dem Steuer, ich bekomme den Ehrenplatz neben ihm. Auf dem Rücksitz drängen sich Regine, die Kinder und Don Juan mit seinem hellen Hut, an dem ich ihn in den darauffolgenden Wochen immer schon von weitem erkennen werde. Die Unterhaltung verläuft in deutscher und spanischer Sprache. Ich bemühe mich, meine eingerosteten Spanischkenntnisse wieder zu aktivieren.

Wir fahren stadteinwärts. Ich erkenne Temuco nicht wieder. Aus dem ländlichen Städtchen, in dem berittene Viehtreiber und Ochsengespanne zum täglichen Straßenbild gehörten, ist eine

Großstadt geworden, aus der holperigen Ausfallstraße in Richtung Westen eine Avenida, gesäumt von mächtigen Eukalypten.

Aber schon bald biegen wir ab auf eine gut gepflegte, asphaltierte Landstraße, die in Richtung Küste führt. Wir lassen die neuen Vororte Temucos, die Gärtnereien und Baumschulen hinter uns und fahren durch freie Landschaft. Je weiter wir vorankommen, um so hügeliger und waldreicher wird sie.

Ich muß von der Reise erzählen. Auch die beiden kleinen Jungen, die sich am Anfang noch etwas schüchtern zeigten, tauen nun auf – hübsche Kinder mit braunem Haar und dunklen Augen. Ich ziehe die kleinen Geschenke für sie aus dem Bordcase: eine Doppelratsche für Ayen (ein hölzernes Spielzeug, das zweistimmig schnarrt, wenn man die Kurbeln dreht) und ein Mikadospiel für Lifko.

Victor: eine breite, gedrungene Gestalt, ein schwarzer Schopf, ein bräunlich getöntes Gesicht mit kräftigen Lippen und schwarzen Augen unter buschigen Brauen. Seit den letzten Aufnahmen, die ich von ihm gesehen habe – sie sind schon drei bis vier Jahre alt –, scheint er einiges an Gewicht zugelegt zu haben. Auch sein Gesicht wirkt im Vergleich zu den Fotos in GROSSMUTTERS BILDER-FOTO-VORLESEBUCH und in der Frauenzeitschrift runder. Er macht auf mich einen ernsten, zurückhaltenden Eindruck. Es zeigt sich mir immer deutlicher: Er ist eine Persönlichkeit. Die Würde, die er ausstrahlt, wirkt nicht aufgesetzt. Aus der Rückschau muß ich sagen: So fremd er mir anfangs erschien, um so sympathischer wurde er mir von Tag zu Tag, zumal er sich in kleinem, privatem Kreis manchmal auch heiter, ja geradezu kindlich geben kann. Spannungsgeladene, ja gefährliche Situationen meistert er gelassen, weiß seine Patienten in den Griff zu bekommen, kann sich, ohne laut zu werden, Respekt verschaffen. Mit seinem Wissen, das beträchtlich ist, prahlt er nicht. Er steht über den kleinen Herausforderungen des Alltags.

Die Landstraße führt durch Eukalyptus- und Pinienwälder, in schnurgeraden Reihen gepflanzt, Monokulturen für die internationale Papierindustrie, wie ich von Victor erfahre. Ich sehe auch ausgedehnte Viehweiden. Ab und zu zweigen Wege ab, die durch große Tore führen: Eingänge zu *Fundos*, also Farmen.

Aber bald ändert sich das Bild. Die Viehweiden werden kleiner, bescheidene Kartoffelfelder tauchen auf, Bambusgestrüpp und Naturwalddickicht wuchern die Hügel hinauf, dazwischen bedecken blühende Wiesen die Hänge. Da und dort tauchen zwischen Obstbäumen und hohem Gesträuch binsengedeckte Hütten auf, auch Holzhäuser mit Zinkdächern. Hier leben Mapuche. Und immer wieder zeigt sich der breite Fluß Imperial. Noch vor kurzem führte er Hochwasser. Am Ende jeden Sommers, die ja Trockenzeit ist, gibt er breite Uferflächen frei.

Nach 34 km Fahrt durchqueren wir die kleine, aber reizlose Stadt Nueva Imperial. Regine zeigt nach beiden Seiten: „Hier liegen Indianerreduktionen", also Reservate, in die man die Mapuche zurückgedrängt hat. Meist sind es unfruchtbare oder karstige Gegenden, die von den Großgrundbesitzern nicht beansprucht wurden. (Irgendwo las ich einmal, daß die Bezeichnung „Reduktion" die Idee der Verkleinerung, der Verstümmelung ehrlicher wiedergibt als das Wort „Reservat", das ja Bewahrung bedeutet.) Viele Kleinbauern besitzen heute nicht mehr als 2 - 4 Hektar Land. Das ist zu viel zum Sterben, aber zu wenig zum Leben.

Die Landschaft wird abwechslungsreicher und lebhafter: Nur noch selten begegnen wir großen Viehweiden, Feldern und angepflanzten Wäldern. Hier ist der ursprüngliche Bewuchs des Landes noch vorhanden. Nun nähern wir uns schon der Küstenkordillere mit höheren Hügeln, engeren Tälern. Ab und zu entdecke ich auf Feldwegen Ochsengespanne mit den typischen zweirädrigen Karren, manche davon noch mit Rädern der traditionellen Art: Scheiben eines dicken Stammes. Zuweilen begegnen wir auch einsamen Reitern oder bloßfüßigen Kindern. Eine bukolische Landschaft. Indianerland.

Nach weiteren knappen 30 km erreichen wir Carahue. Von einer Hochfläche kommen wir herab, sehen das Städtchen vor uns liegen: ein von Reichtum nicht gesegnetes, aber quirliges, vor Leben sprühendes Zentrum des Indianerlandes. Ein Schild vor dem Ortseingang leuchtete uns entgegen. Es präsentiert allen Ankommenden den Werbeslogan der Stadt: LA PAPA ESTÁ EN CARAHUE! (Die Kartoffel ist in Carahue). Das Indianerland ist also eine Gegend, in der Kartoffelanbau betrieben wird. Wen wundert's? Die Kartoffel stammt ja aus Amerika, und dieses südchilenische Klima bekommt ihr.

Wir durchqueren den Ort. Fast alle Häuser – die meisten aus Holzbrettern erbaut – haben nicht mehr als ein Stockwerk. Nur rund um die Plaza und in der Geschäftsstraße gibt es einige zweistöckige Gebäude. Kaum haben wir den quadratischen, von Palmen und riesigen Lindenbäumen umstandenen Zentralplatz und die Hauptgeschäftsstraße hinter uns, geht es steil bergab. Der Asphaltbelag endet. Eine Delle im Hang bringt unsere Camioneta für eine kleine Weile wieder in die Horizontale, aber sobald wir die ebene Zwischenfläche hinter uns haben, führt der Schotterweg nur noch steiler hinunter. Wir werden durch- und durchgerüttelt und landen kurz darauf, immer noch von Häusern begleitet, im Tal des Flusses Imperial. Durch Schlaglöcher schaukelnd, eingehüllt in Staub, der durch die offenen Fenster in den Wagen dringt und uns alle mit einer feinen grauen Schicht überzieht, erreichen wir eine nagelneue Hängebrücke, die, wie ich erfahre, seit wenigen Wochen den Weg von Regines und Victors Heim nach Carahue von bisher 11 km auf 7 km verkürzt. Sie ist aber so schmal, daß sie nur Einbahnverkehr erlaubt. Nähert man sich im PKW der Brücke, hat man sich zu vergewissern, daß kein Wagen von der anderen Seite kommt. Statt einer Ampel muß eben die menschliche Vernunft arbeiten. Die ist allemal billiger.

Am anderen Ufer erwartet uns eine schmale, holperige Schotterstraße, die sich in die Hügel hinaufschraubt. Ich mache eine

Art Klimmzug am Griff schräg rechts über mir und versuche, mein Rückgrat auf diese Weise vor harten, unerwarteten Stößen zu bewahren. Rechts und links wuchern überdimensionale Brombeerbüsche und *quila*, der chilenische Bambus. Aber immer wieder gibt das Dickicht Ausblicke auf die wunderschöne Berglandschaft frei, die mich fasziniert. Als wir von dieser Straße auf einen schmalen Feldweg abbiegen, zeigt Regine auf eine Lichtung: „Dort ist Lifkos Schule."

Ich sehe nichts als Wildnis. Und schon sind wir vorbei, quälen uns im Traktortempo den unbefestigten Weg hinauf, der zeitweilig zum Hohlweg wird. Links neben uns steigt ein Hang an, rechts fällt der Hang ab in ein breites Bachtal. Ob das schon zu Quillem Alto gehört?

„Dort unten wohnt Pancho Lopez", sagt Regine. „Unser Nachbar. Du wirst ihn noch kennenlernen."

Nach drei Kilometern Feldweg zweigt eine Autospur links ab. Seitlich hängt ein vom Wetter schon ziemlich verblichenes Schild: MACHI VICTOR.

„Wir sind da", sagt Regine.

Wir biegen ein. Hier befinden wir uns auf dem Hügelgrat. Die letzten zehn Meter fahren wir wieder abwärts. Drei Hunde preschen uns kläffend entgegen. Kaum hält der Wagen, drängen die Kinder hinaus und laufen davon. Kein Wunder – sie haben sich lange genug nicht rühren können! Sie werden schon von Spielkameraden erwartet.

Auch mich drängt es, endlich wieder meine Füße auf den Boden zu setzen. Aber die Hunde wollen mich, die Fremde, erst beschnuppern. Vor allem der größte, dessen Großmutter vielleicht eine deutsche Schäferhündin gewesen ist, zeigt sich sehr aufdringlich.

„Pack dich, Duque!" ruft Regine.

Duque gehorcht und schleicht sich davon. Duque – auf deutsch: der Herzog. Die beiden anderen Rüden, denen ein Hundezüchter wahrscheinlich keinen Blick schenken würde, folgen ihm nach. Sie haben nichts zu melden, wie's scheint. Duque ist der Boss.

Überwältigt von dem weiten Blick über Hänge, Wälder und Hügel, stehe ich auf diesem über und über blühenden Wiesenhang und schaue, während Victor, Don Juan und Regine abladen, was auf der Pritsche liegt. Es ist ein Osthang. Ich mache mir bewußt, daß hier die Ostseite unserer Westseite entspricht. Denn aus der Sicht der Chilenen liegt der Äquator im Norden, das ewige Eis im Süden.

Mir fällt sofort das Binsendach der *ruca*, nur ein paar Schritte hangabwärts vor mir, ins Auge. Wohnt die Familie in dieser Mapuche-Hütte? Das Foto aus GROSSMUTTERS BILDER-FOTO-VORLESEBUCH zeigt eine Wohnküche mit Fenstern, die in der fensterlosen Ruca nicht sein kann.

Aber schon entdecke ich links von mir einen gedrungenen Bretterbau mit einem Schrägdach, der im ersten Augenblick wie eine Verschmelzung der Begriffe „Schuppen" und „Holzhaus" wirkt. Der gelbe Faltstern hinter der Fensterscheibe läßt vermuten, daß es sich hierbei wohl um das Wohnhaus handelt. Ein junger Pfirsichbaum wirft seinen Schatten neben den Eingang. Auch hinter dem Haus steht ein Pfirsichbaum. Auf den ersten Blick gefällt mir, daß die Wiese bis an die Gebäude heranwächst.

Ich werde ins Haus geführt – durch den kleinen Flur in die große, helle Wohnstube, die unseren deutschen Wohnzimmern mit ihren Schrankwänden und Sitzecken wenig ähnelt, mich aber sofort an die Wohnküche meiner Rosinkawiesen-Kindheit erinnert. Das liegt wohl daran, daß sie Heimeligkeit ausstrahlt: ein einfacher Bretterboden, Holzwände, ein breites Fenster, das den Blick auf den Platz unterhalb des Hauses mit dem hölzernen Kultpfahl in der Mitte und auf die Hügellandschaft freigibt; eine Kochecke mit einer Speisekammer; ein alter Herd aus Vor-Elektroherd-Zeiten ragt aus dem Küchenbereich in den Wohnraum hinein. Ich entdecke alles an ihm, was früher zu einem soliden Koch- und Heizherd gehörte: ein Türchen für die Holzscheite, darunter ein Türchen für den Aschekasten, daneben eine großen Klapptür, hinter der sich der Backofen befindet. Ein langes schwarzes Rohr führt von der Herdplatte senkrecht hinauf und verschwindet in der Decke. Nein, der Raum hat keine Decke. Das Rohr endet in der schrägen Dachverkleidung.

Fast alle Möbel im gesamten Raum sehen aus, als seien sie selbstgezimmert – natürlich aus massivem Holz: die Regale in der Küche und in Regines Arbeitsecke; der sehr lange Tisch vor dem Fenster, an dem sicher ein Dutzend Esser Platz findet; eine Anzahl der urigen Stühle. Und ganz gewiß wurden die einfachen Vorhänge von Regine genäht! Natürlich sind keine weißen Spitzen- oder Tüllgardinchen zu sehen, weder gerüschte noch ungerüschte. Die passen nicht zu Regine.

Die Wandflächen sind nicht leer. Da hängen Kinderzeichnungen, Fotos, Mapuche-Webarbeiten, eine *trutruca*, die einem Waldhorn ähnelt, eine Batik, ein Kalender, den Regines Mutter liebevoll angefertigt hat. (Auch mir schickte sie kurz vor Weihnachten einen solchen Kalender als Geschenk, zusammen mit einem „elektrischen Entdeckelungsmesser zum Öffnen von Bienenwaben", das ich für eine Imkerin, eine Bekannte von Regine, mitnehmen sollte.)

Mein Blick fällt auf einen kleinen Tisch in der Ecke. Darauf steht eine kleine Weihnachtskrippe mit allen Figuren. Als Bäume hinter dem Stall dienen Pinienzweige. Ein Gruß des christlichen Abendlandes!

Neben dem Eingang ist Regines Ecke. Da ragt ihr übervolles Bücherregal bis fast zur Decke, befinden sich auch Nähkasten und das Telefon. Auf ihrem Schreibtisch häufen sich Papierberge und Briefe. Auf der anderen Seite des Eingangs steht ein blecherner Schiffskoffer. Regine hebt den Deckel. Ich sehe Mehl. Der ganze Koffer ist voll Mehl!

„So können die Mäuse nicht dran", erklärt Regine.

Im Hintergrund des Raumes führen mehrere Stufen auf eine etwas höhere Ebene. Sie bildet einen offenen Gang, der sich längs durch das Haus zieht. Dieser Korridor endet auf der einen Seite vor einem winzigen Raum, in dem nicht nur vieles untergebracht wird, was sonst nirgends Platz findet, sondern – unter einem Fenster – auch Regines Computer steht. (In diesem Kämmerchen habe ich sie, so lange ich auf Besuch war, selten sitzen sehen.) Am anderen Ende befindet sich die Hintertür des Hauses, von der man über vier Holzstufen den Boden erreicht. Hier stoße ich auf den anderen Pfirsichbaum, der seinen Schatten über einen Tisch und die dazugehörige Bank wirft. Das ist, wie ich höre, Regines Lieblingsplatz. Eine junge, struppige Katze streicht an meinen Waden entlang und miaut jämmerlich. Regine scheucht sie weg.

Von dem Gang, der das Haus durchläuft, gehen Türen in drei Räume ab: Rechts neben der Hintertür liegt das große Kinderzimmer, in der Mitte das Elternschlafzimmer und links, mit dem Fenster zum Schattenplatz, wo – wenn Victor zu Hause ist – die Camioneta steht, befindet sich Victors Arbeitszimmer, das gleichzeitig auch das Gästezimmer ist.

In dieses schöne, helle Zimmer führt mich Regine, nachdem ich mich im Wohnzimmer umgeschaut habe. Victor hat mir also für die Dauer seines Aufenthaltes sein Arbeitszimmer abgetreten. Es ist spartanisch eingerichtet: ein Bett, ein Schemel als Nachttisch, ein großer Tisch vor dem Fenster, ein Stuhl davor, an der gegenüberliegenden Wand ein Schiffskoffer, ein Webstuhl und zwei robuste Haken, an denen Kleiderbügel hängen.

Mir genügt dieses Mobiliar. Ich habe nicht vor, mich viel im Zimmer aufzuhalten. Und ich reise immer mit leichtem Gepäck. Außer meiner Handtasche und dem Bordcase habe ich nur einen kleinen Koffer mit. Es ist ja Sommer in Chile, und ich habe Kleidung ausgewählt, die leicht waschbar und bügelfrei ist.

Ich händige Regine meine Mitbringsel aus: natürlich Bücher. Die hat sie sich gewünscht. Ich glaube, ohne Bücher ertrüge sie ihr Leben fernab von kulturellen Angeboten weniger leicht. Auch das Päckchen ihrer Mutter mit dem Honigmesser übergebe ich ihr.

Kaum habe ich Mantel und Kleider auf den Bügeln, findet sich die ganze Familie zum Abendbrot rund um den Tisch zusammen. Auch Don Juan ist wieder mit dabei. Ich erzähle auf deutsch und spanisch und höre zu, wenn Regine erzählt. Lifko und Ayen spitzen die Ohren. Beide haben keine Mühe, mich zu verstehen, wenn ich deutsch mit ihnen spreche. Auch ihre Mutter läßt immer wieder deutsche Sätze einfließen, wenn sie sich mit ihnen unterhält. Die Kinder wachsen also zweisprachig auf.

Victor spricht nicht mehr als unbedingt nötig. Um so lebhafter unterhält sich Regine, locker und unbefangen. Sie erzählt mir freudestrahlend, daß die große Zeremonie „Cambio de Canelo", die Victors Heilkräfte auffrischen solle und den zehnten Geburtstag seiner Machi-Existenz darstelle, aus verschiedenen Gründen doch noch nicht stattgefunden habe.

„Du wirst die Feier also miterleben", sagt sie. „Übermorgen, Samstag, beginnt sie, zieht sich über die Nacht hin und endet Sonntag gegen Abend. Wir erwarten viele Leute ..."

Ich biete ihr meine Hilfe bei den Vorbereitungen an.

Es gibt selbstgebackenes Vollkornbrot und Weißbrot, Salat aus Regines Garten und Fleisch. Dazu Tee. Ich wähle Kräutertee. Schon gleich an diesem Abend erfahre ich, daß es in Regines Haushalt keine Milch gibt. Wo hätte sie auch herkommen sollen? Victor besitzt keine Milchkühe. Seine wenigen Rinder liefern nur Fleisch. Die Milch der Kühe reicht nur für die Kälber. Anstelle von Milch verwendet Regine Milchpulver.

Im Zusammenhang mit der Milch fällt mir die Katze ein. Ich schaue mich um. Wo ist sie? Wo sind die Hunde?

„Tiere haben hier im Haus nichts zu suchen", sagt Regine. „Das wissen sie. Auch wenn beide Türen offen sind, wagen sie sich nicht herein."

Victor nimmt Ayén spontan in die Arme und schmust mit ihm.

Ich friere. Nun erinnere ich mich: Die chilenischen Sommernächte sind kühl. Auch meine Strickjacke wärmt mich nicht genug. Regine borgt mir einen blütenweißen, handgestrickten

Schafwollpullover, den, wie sie mir sagt, Don Juans Frau Adela für sie gestrickt hat. Ich ziehe ihn mir über. In ihm zu frieren ist unmöglich. Aber ich komme mir vor wie eine weiße Wurst.

Regine merkt, daß ich müde bin, und führt mich durch die Hintertür zum Badehäuschen hinüber, das nur drei bis vier Meter vom Wohnhaus entfernt ist. Sie berichtet mir, es stehe noch nicht lange. Und es sei gelungen, noch vor meiner Ankunft eine Duschmöglichkeit einzubauen. Allerdings gebe es nur kaltes Wasser. Sie deutet hangaufwärts hinter das Haus. Dort stehen dicht nebeneinander zwei Bäume. Von ihnen ist allerdings nicht viel mehr übrig als ihre Stämme. Krone und Seitenäste sind gekappt worden. In etwa 12 - 15 m Höhe ruht jetzt auf den beiden Schnittflächen der Stämme ein großes Faß, das als Wassertank dient.

„Daneben ist unser Brunnen", erklärt sie. „Dreizehn Meter tief. Seit wir elektrischen Strom bekommen, pumpt da unten eine Pumpe das Wasser in den Tank hinauf. Deshalb haben wir jetzt fließendes Wasser in der Küche, im Badehaus und bei der Ruca. Und eine Dusche."

Das Abwasser aus Küche und Badehäuschen fließt in Rohren knapp unter der Grasnarbe ein Stück den Hang hinunter und versickert dort.

Im Badehäuschen, etwa 3 x 4 Meter im Grundriß, gibt es ein Waschbecken, eine Waschmaschine, einen zusammenklappbaren Wäschetrockner und in einer Ecke eine ganz flache, quadratische Fußwanne im Betonboden mit einem Abfluß. Darüber, in handlicher Höhe, hängt an der Wand, gleich bei dem Hahn, der Schlauch mit der Brause. Ich halte den Atem an bei dem Gedanken, am nächsten Morgen, noch bettwarm, unter der eiskalten Dusche stehen zu müssen. Aber ich begreife, daß diese neue Einrichtung für Regine einen großen Schritt voran bedeuten muß.

„Mach dich schon mal drauf gefaßt", sagt sie, „daß der Strom ab und zu wegbleibt. Dann wird es abends plötzlich stockdunkel."

Ich nicke: „Wie auf der Rosinkawiese."

„Aber wir sind ja froh", sagt sie, „überhaupt Strom zu bekommen. Fast wäre nichts daraus geworden. Denn der Bürgermeister hat die Gelder, die von den einzelnen Bürgern für die Stromanlage eingezahlt worden sind, veruntreut. Zum Glück kriegen wir trotzdem Strom ..."

Inzwischen beginnt es zu dämmern. Aber noch hat sie mir nicht alles Notwendige gezeigt. Sie schlendert mit mir am Zaun ihres Gartens entlang in Richtung Wald. Ich staune über die Blumenpracht hinter dem Zaun: Kapuzinerkresse, Nachtkerzen, Ringelblumen, Kornblumen, Jungfern im Grünen, riesige Stockmalven – und Rosen über Rosen. Alles so üppig, wie man es in Deutschland kaum zu sehen bekommt. Regine freut sich über mein Entzücken. Ich merke, daß ihr der Garten sehr am Herzen liegt.

Es herrscht eine wunderbare Abendstimmung. Vor uns liegt die weite Landschaft, Hügel hinter Hügel. Auf dem Hang, der auf der anderen Talseite liegt, erkenne ich bunte, vor allem blaue Punkte.

„Das ist der Friedhof der Mapuche unserer Gegend", erklärt Regine.

Der Pfad führt durch das hohe Gras, durch ein Meer von Margariten. Eine junge braune Stute grast ein paar Schritte talabwärts, mitten in den Blumen.

„Victor hat sie gekauft, für die Feier", sagt Regine. „Morgen wird sie geschlachtet."

„Eine junge Stute?" frage ich verblüfft.

„Sie läßt sich nicht decken. Wahrscheinlich ist sie unfruchtbar."

Weil es unfruchtbar ist, wurde das junge Tier also zum Tode verurteilt. Diese Information läßt meine ganze anerzogene Tierliebe aufwallen. Aber ich ziehe vor, sie unter dem Deckel zu lassen. Wir können das Landleben der Mapuche nicht mit dem Maß unserer mitteleuropäischen Anschauungen messen.

Hinter dem Garten, etwa 30 m vom Wohnhaus entfernt, steht neben ein paar bunten Bienenkästen ein Holzhäuschen. Dessen Tür, die nicht ganz bis zum Boden reicht, also einen breiten Spalt offenläßt, ist mit einem S-förmigen Wurzelstück verschlossen, das sich um einen Nagel wie um eine Achse drehen läßt. Regine dreht das S so, daß es die Tür freigibt, öffnet sie und läßt mich einen Blick ins Innere werfen. Erinnerungen aus meiner Kindheit werden wieder wach: ein Plumpsklo! Aber dieses hier weist eine Besonderheit auf: Es ist ein Zwillingsklo. Es hat zwei Sitze – einen höheren für Erwachsene, daneben einen tieferen für Kinder. Jedes Loch hat seinen Deckel. Und neben der Tür hängt eine Rolle Toilettenpapier.

Nichts gegen Plumpsklos. Trotzdem muß ich seufzen, als ich mir klarmache, dass ich in fast jeder Nacht mal raus muß. Aber kennen mich inzwischen die Hunde schon? Und was, wenn das hohe Gras dann taunaß ist?

Regine errät meine Gedanken.

„Für nachts gebe ich dir einen Topf“, sagt sie in ihrer wunderbaren Unkompliziertheit. Und damit ist alles auf einmal so einfach! Ja, natürlich, ein Nachttopf – er würde das Problem lösen. Meine dumpfen Ängste verflüchtigen sich.

Da ich nun schon den weiten Weg vom Haus bis hierher zurückgelegt habe und weil man das abends im allgemeinen sowieso tut, benutze ich das Häuschen gleich. Dabei merke ich, daß sich die Tür wohl anlehnen, von innen aber nicht verschließen läßt.

„Nicht nötig“, meint Regine. „Wenn jemand kommt, während du drinsitzt, sieht er doch deine Füße durch den Spalt ...“

Diese Argumentation ist zwar logisch. Nur bedeutet die Sicht auf meine Füße keine absolute Absicherung meiner Intimsphäre. Inzwischen habe ich aber an der Innenseite der Tür einen eisernen Ring entdeckt. Und im inneren Türrahmen steckt ein dicker Nagel. Damit läßt sich was machen.

Als ich dann das Wurzel-S wieder über die Tür geschoben habe und mit Regine ins Haus zurückkehre, bekomme ich von ihr einen leuchtendblauen Nachttopf ausgehändigt und ziehe mich, nachdem wir uns noch einmal herzlich umarmt und einander eine gute Nacht gewünscht haben, in mein Zimmer zurück. Todmüde sinke ich ins Bett. Mein letzter Blick, bevor meine Augen zufallen, gilt dem kleinen bunten Blumenstrauß, der auf meinem Nachttisch steht. Wie nett gemeint von Regine! Das sind sicher Blumen aus ihrem Garten, den sie so liebt.

Kaum zu fassen: Am Tag zuvor war ich noch in Europa, in meinem vertrauten hessischen Fachwerkstädtchen Schlitz. Was für eine Zeit, in der sich Distanzen dieser Dimension so rasch und mühelos überwinden lassen! Meine Armbanduhr habe ich noch nicht auf die Ortszeit umgestellt. Ein Blick auf sie zeigt mir, daß man daheim um vier Stunden voraus ist. Aber auf meinem Wecker ist die Zeit stehen geblieben ...

Noch bevor ich endgültig eingeschlafen bin, spüre ich den ersten Floh.

## 6

Der nächtliche Umgang mit dem Nachttopf erweist sich schwieriger als angenommen. Seit meinem dritten Lebensjahr habe ich derlei Hilfsgerät nicht mehr benutzt. Nun bin ich aus der Übung gekommen. Aber was lernt man nicht alles, wenn man muß!

In doppelter Hinsicht erleichtert, schlafe ich wieder ein.

Früh um sieben klingelt, wie geplant, mein Wecker. Ich muß mich ja an die Zeitverschiebung gewöhnen. Mit dem Mantel über dem Nachthemd, unter dem Arm Handtuch und Kulturbeutel, in der Hand den Nachttopf mit Inhalt, verlasse ich – von den Hunden unbehelligt, nur vom Herzog mißtrauisch beschnüffelt – das Haus durch die Hintertür. Ich lege Beutel und Tuch vor dem Badehäuschen ab und wandle vor gerade aufgehender Sonne mit dem Topf durch das kniehohe, taunasse Gras bis zum Häuschen am Waldrand. Was für einen Frieden strahlt die Landschaft aus! – Aber da ist die Stute, die ruhig zwischen

Margariten und wogenden Gräsern weidet. Ich werfe einen traurigen Blick auf sie. Wenn das Tier wüßte, was ihm heute bevorsteht ...!

In den Bienenkästen herrscht noch Stille.

Ich habe ein kurzes Stück Schnur mitgebracht, zurechtgeschnitten mit meiner Nagelschere. Daraus bastele ich eine Schlinge, die ich am Metallring auf der Innenseite der Klotür befestige. Nun kann ich die Tür versperren, indem ich die Schlinge über den Nagel ziehe.

Vom Waldrand zurückgekehrt, besetze ich das Badehäuschen. Ich schlottere. Im südchilenischen Sommer heizt sich die Luft erst ab dem späten Vormittag auf. Wie Regine es mir zeigte, schiebe ich, um ungestört zu bleiben, einen langen Nagel schräg durch die rohe Umrandungslatte der Tür (Eigenfabrikation) in das Brett des (improvisierten) Türrahmens. Jetzt fühle ich mich sicher. Ich habe vergessen, daß ich mich auf kaltes Wasser einstellen muß. Und schon stehe ich in der Duschwanne, einen Vorhang vermissend, halte mir die Brause über den Rücken und drehe auf.

Schock! Ich schnappe nach Luft. Fast steht mir das Herz still. Aber jetzt bin ich gründlich wach. Zögernd, von den Füßen aufwärts, beginne ich mich zu duschen. Schließlich mute ich auch Bauch und Rücken die Eiseskälte zu. Mein Blut pulsiert. Und siehe, mir wird wunderbar warm. Auf einem Brett stehend, das meine nackten Füße vor dem kalten Betonboden schützt, trockne ich mich ab und ziehe mir den Mantel über. Sein Saum und der des Innenfutters legen sich mir jetzt naßkalt an die Beine. Nagel raus und schnell ins Haus! Mit sauberem Nachttopf und frischgeputzten Zähnen husche ich wieder in mein Zimmer. Während ich mich anziehe und den Mantel ausgebreitet zum Trocknen aufhänge, wird es auch nebenan lebendig: Ein geschäftiger Tag steht bevor.

In der Zeit bis zum Frühstück schreibe ich Tagebuch und schaue mich draußen um. Mein besonderes Interesse gilt dem hölzernen Kultpfahl, der, in vertrocknetes Gesträuch eingebunden, ein paar Meter unterhalb der besonnten Hausfront steht: Etwa 40 cm im Durchmesser, ragt er zwei Meter in schrägem Winkel aus der Erde und endet oben in einem Kopf mit einem flachen, grobgeschnitzten Gesicht. In die Vorderseite des Pfahls sind Stufen eingekerbt, breit genug für einen Menschen, ihn zu erklimmen.

Ja, ich muß der Autorin des Artikels in der Frauenzeitschrift recht geben, wenn sie dieses Anwesen so beschreibt: „... Holzhäuschen, die wie Waben am Hang kleben ...“ Ich entdecke noch mehrere Hütten und Schuppen im Hintergrund, die mir am Vortag entgangen sind: ein Häuschen unterhalb der Ruca mit zwei Kammern zu je zwei Betten und einem Nachttischchen. In ihnen übernachten Victors Patienten, wie mir Regine erklärt. Nah bei Häuschen und Ruca ragt eine Wasserleitung aus der Erde. Unter dem Wasserhahn steht eine Schüssel auf einem Schemel, daneben liegt Seife.

Etwas abseits von Ruca und Wohnhaus entdecke ich den Schweinestall. Drei Schweine hat Regine zur Zeit, darunter eine weiße Muttersau. Und ein paar Ferkel. Außerdem gibt es da noch einen Hühnerstall. Die Hühner gehören auch zu Regines Arbeitsbereich. In einem anderen Schuppen werden allerlei Arbeitsgeräte und die Fahrräder aufbewahrt. Dort trocknet Regine auch ihre Gewürz- und Teekräuter.

Und dann ist da noch, seitlich abgerückt und tieferliegend, ein zweites Wohnhaus. Von weitem wirkt es nicht viel anders als ein Schuppen oder eine Scheune. Dort wohnt Victors Mutter Juana, zusammen mit ihrem zweiten Sohn, Victors jüngerem Halbbruder Miguel, dessen 18-jähriger Frau Claudia, auch sie Mapuche, und deren gemeinsamer einjähriger Tochter. Acht Menschen leben also auf diesem Anwesen.

Ich bin schon gespannt auf die alte Frau. Ob sie sich mir gegenüber verschließen wird?

Regine kommt aus dem Haus, wünscht mir einen guten Morgen und lacht mich an. Ihre Hände zeigen die Spuren harter häuslicher Arbeit. Sie strahlt Lebenslust und Frische aus. Wir kommen ins Erzählen. Ich erfahre, daß vor etwa vier Jahren – zwei Wochen, nachdem sie und Victor mit den Kindern aus dem zu klein gewordenen alten Wohnhaus ins neue umgezogen sind – fast alle Gebäude des Anwesens abbrannten. Auch das Haus von Victors Mutter. Auch einige Tiere verbrannten. Und Victors Onkel, der wahrscheinlich volltrunken zu Bett gegangen war und möglicherweise das Feuer durch unachtsamen Umgang mit seiner Zigarette verursacht hatte, kam im Schlaf in den Flammen um.

Am Frühstückstisch sitzen schon mehrere Männer, die beim Schlachten des Pferdes mithelfen sollen. Darunter auch Don Juan, der in einem der Patientenhäuschen geschlafen hat. Und Pancho Lopez, der Nachbar im Tal: ein kleiner, schlanker, sympathischer Mann mittleren Alters. Regine macht uns miteinander bekannt. Es gibt Kaffee, zweierlei Sorten Brot wie zum Abendessen, selbsteingekochte Marmelade, Honig, Margarine – und wieder Fleisch. Ich ahne: Ohne Fleisch läuft hier nichts. Eine schwierige Lage für mich, die Vegetarierin. Regine meint zwar, ich brauche kein Fleisch zu essen, wenn ich nicht wolle, aber mir ist klar, daß ich diese Haltung während der Feier nicht werde durchhalten können, ohne die anwesenden Mapuche zu befremden, wenn nicht gar zu kränken. Denn – so informiert mich Regine – man darf kein Essen zurückweisen. Was man nicht essen kann, weil man schon satt ist, nimmt man mit heim.

Victor sitzt am Kopfende des Tisches. Er ist der Chef der Runde. Aber ich habe den Eindruck, daß er diese Stellung eher herunterspielt. Don Juan genießt offenbar seine und Regines besondere Gunst. Von diesem alten, heiteren Mann, den ich nie für einen Mapuche gehalten hätte, erfahre ich, daß einer seiner Feldnachbarn ein ehemaligen Schüler von mir ist. Damals, als ich in Temuco unterrichtete, war Carlitos zehn Jahre alt gewesen, ein schmächtiges, blondes, sensibles Bürschchen, das ich ins Herz geschlossen hatte. Enkel deutscher Einwanderer. Jetzt ist er ein etwa 55-jähriger „g'standener" Großgrundbesitzer. Es reizt mich nicht, ihn wiederzusehen. Ich fürchte, eine Enttäuschung zu erleben.

Ich will mich nützlich machen, lasse mir Kindersocken zum Stopfen geben. Schon andere haben daran herumgestopft, wahrscheinlich Regines Mutter, wenn sie auf Besuch hier war. Regine selbst kommt wohl gar nicht zu solchen nicht unbedingt notwendigen Arbeiten. Die Farbe der verschiedenen Wollen und Garne paßt nicht zu den Socken – aber was tut's? Abgesehen davon, daß heutzutage in deutschen Haushalten kaum mehr Socken gestopft werden, vertreten wir deutschen Hausfrauen, denen von klein auf Sekundärtugenden anerzogen wurden, immer noch die Maxime: „Ordnung muß sein!" Auch in der Farbwahl der Sockenstopfwolle. Regine hat sich von derlei Prinzipien befreit. Ihre Einstellung überrascht mich zwar, aber ich finde sie erfrischend.

Es bleibt nicht viel Zeit zum Strümpfestopfen. Erbsen (aus dem eigenen Garten) und Saubohnen (woher sie kamen, weiß ich nicht) warten darauf, ausgepellt zu werden. Als ich ein lautes Gewieher höre, werfe ich einen Blick aus dem Fenster. Die Stute ist aus der Wiese verschwunden. Ich laufe hinaus, um sie noch einmal zu sehen. Aber hinter der Ruca, zwischen Tischen, Gestellen, Eimern und Messern, hat die Schlachterei bereits begonnen. Das Tier ist schon zu Boden gegangen, aber noch wälzt und wehrt es sich. Ich kann nicht mit ansehen, was da geschieht, und ziehe mich zurück. Als ich eine gute Stunde später mit Regine am Schlachtplatz vorbeikomme, hängt der abgehäutete Pferdeleib schon an den Hinterbeinen an einer Stange, das Pferdefell entdecke ich auch, der Schwanz liegt auf dem Ruca-Dach. Messer blitzen. Aus verschiedenen Schüsseln und Behältern dampft es. Eine Gruppe von Kindern, darunter auch Lifko und Ayen, schauen interessiert zu. Ich versuche Haltung zu bewahren und finde mich lächerlich sentimental. Früher ging es auf deutschen Bauernhöfen an Schlachttagen nicht anders zu.

Aber es ist ein Pferd, kein Schwein! Als ich meinen Schock zu hinterfragen versuche, kommt mir der Verdacht, daß uns Deutschen Pferde gefühlsmäßig näher stehen als Schweine. Gefährten der Menschen in Krieg und Frieden! In der Literatur wimmelt es von Pferden. Schweine spielen in ihr eine viel geringere Rolle, obwohl sie sehr intelligent sein sollen. Daß es in Deutschland verpönt ist, Pferdefleisch zu essen, hat andere Gründe. Ich erinnere mich, schon einmal Pferdefleisch gegessen zu haben: Im Juni 1945, als Flüchtlinge auf der Landstraße karrten wir irgendwo an einer Gruppe russischer Soldaten vorüber, die gerade ein Pferd notgeschlachtet hatten. Sie gaben das Fleisch an die hungernde deutsche Bevölkerung aus. Auch wir ergatterten ein Stück, kochten es in einem Notquartier und verzehrten es heißhungrig. In unserer damaligen Lage spielte es für uns gar keine Rolle, ob es vom Pferd oder Schwein war. Wir hätten auch Hundefleisch gegessen. Wir wollten nur überleben!

Am Nachmittag erfahre ich von Regine, daß man beim Schlachten den Grund für die Unfruchtbarkeit dieses Tieres entdeckte: Es war ein Zwitter gewesen.

Regine führt mich zum Haus ihrer Schwiegermutter und macht mich mit ihr und den Ihren bekannt. Die alte Frau – ist sie wirklich zehn Jahre jünger als ich? – strahlt mich an. Ich muß mich zu ihr hinunterbeugen, als sie mich umarmen will. Ja, sie ist unglaublich klein, kaum größer als der fast fünfjährige Ayen. Und ihr Rücken ist einseitig stark gekrümmt. Ich frage mich, wie diese winzige Frau es schaffte, zwei Kinder auszutragen. Kaum vorzustellen: Victor, der schwere Mann, ein Kind dieses Persönchens!

Aber was für ein ausdrucksvolles Gesicht hat diese Frau! Es muß in ihrer Jugend sehr schön gewesen sein. Jetzt wundert es mich nicht mehr, daß sich Männer für sie interessierten. Vor allem ihre Augen faszinieren mich. Und noch etwas fällt mir sofort auf: Das ist kein Mensch, der sich widerstandslos in alles fügt. In dieser Frau lebt ein ausgeprägter Wille. Sie sei unberechenbar, heißt es. Und ihr Verhalten sei manchmal unverständlich, wecke den Zorn der Betroffenen, provoziere. Als Regine in die Familie kam, standen sich zwei starke Persönlichkeiten gegenüber. Das muß sie gespürt haben. Möglicherweise hat sie sich Regine deshalb anfangs verschlossen. Wie mir diese erzählte, verhält sie sich auch jetzt noch manchmal unbegreiflich abweisend, will umsorgt werden, aber nicht helfen, antwortet auf eine Frage nur mit Schulterzucken, weigert sich, nach den Kindern zu sehen, wenn Regine mal nicht da oder krank ist. Und auch Claudia, die andere Schwiegertochter, habe es nicht leicht mit ihr. Vielleicht ist die alte Frau sich selber im Weg. Sie hatte ja kein leichtes Schicksal – und ist kein Mensch, der sein Schicksal leicht sein ließe.

Ich fühle mich von der ersten Begegnung an zu ihr hingezogen. Auch sie scheint mich zu mögen. Jedenfalls strahlt sie mich an. Mir fällt auf, daß sie noch kein einziges graues Haar besitzt.

Auch Claudia lerne ich nun kennen, eine heitere, sehr junge Frau, die – wie mir scheint – nicht nur hübsch, sondern auch klug ist. Und sie strahlt Herzlichkeit aus.

Als wir zurückkommen, hängen schon unzählige Fleischstücke an Haken über dem Schlachttisch. Regine trägt sie in die Ruca, wo sie abtropfen sollen, um dann gebraten zu werden. Ein offenes Feuer auf dem Hüttenboden sorgt mit seinem Rauch dafür, daß sich dem Fleisch keine Fliegen nähern. Manche der Stücke stecken schon an Spießen neben dem Feuer, andere werden gekocht.

Regine hat alle Hände voll zu tun. Ein paar Mapuche-Frauen aus der Nachbarschaft – klein und mollig fast alle – finden sich ein, um ihr zu helfen.

„Das ist Gudrun, eine Freundin von mir aus Deutschland!“ ruft sie ihnen zu und zeigt auf mich. Und schon werde ich freundlich in die Runde einbezogen, vor allem, als erfreut zur Kenntnis genommen wird, daß ich spanisch sprechen kann. Allerdings fällt es den Frauen schwer, meinen Vornamen auszusprechen. Aus ihren Mündern klingt er so ähnlich wie *Kultrun*, der Name der Mapuche-Trommel.

Auch immer mehr Kinder wuseln zwischen den Erwachsenen herum. Und die Hunde lauern vor dem offenen Eingang der Ruca, den Fleischgeruch in der Nase, und winseln.

Inzwischen haben wir die Erbsen und Bohnen ausgepellt und zupfen nun Blätter von den Zweigen der Äste, die von Männern aus den nahen Wäldern herangeschafft wurden. Diese Blätter eines dem Mapuche-Volk heiligen Baumes, so erfahre ich, sind für die Zeremonien nötig. Unter uns Frauen herrscht eine vertraute Atmosphäre, es wird gescherzt und erzählt, und ich fühle mich dazugehörig.

Zum Mittagessen – die Sonne steht im Norden – hat sich die Anzahl der Esser vermehrt. Es gibt am Spieß gebratenes Pferdefleisch, von dem ich nun auch koste, und finde es lecker, dazu wieder Salat. Und Kartoffeln statt Brot. Nach dem Essen schiebt Regine die Kartoffel- und Salatreste von den Tellern in den Eimer, den sie am Abend, mit weiteren Resten aller Art gefüllt, zu den Schweinen hinüberträgt. Auch für die Hunde fliegen ein paar Reste durch das Fenster in der Küchenecke hinaus. Sie fangen sie auf und balgen sich darum. Ich sehe ihnen zu und erkenne sofort eine Rangordnung: Duque, der Herzog, hat das Sagen. Die anderen Rüden weichen scheu zurück, wenn er einen Happen beansprucht.

Regine fegt die Stube aus. Das ist nötig, denn rings im Wohnzimmer liegen dicke Lehmklumpen, Blätter und Zweige auf den Dielenbrettern. Der Sand rieselt in die breiten Ritzen. Dort ist er für den Besen unerreichbar.

Der Nachmittag wird noch hektischer. Regine und ich fahren in der Camioneta nach Carahue, um dort einen großen, aus Weidenruten geflochtenen Korb zu kaufen. Außerdem will sie ihrer Familie in Deutschland mitteilen, daß ich angekommen bin. Dazu geht sie in ein *Centro de llamado,* eine der vielen privaten Telefonzentralen, wo sich Zelle an Zelle reiht, man aber vorher sein Telefonat anmelden muß. Nach dem Gespräch bezahlt man die angefallene Gebühr an einem Schalter. Schließlich kaufe ich in aller Eile bei einem Fotografen noch ein paar Ansichtskarten, die Carahue, die neue Brücke und Mapuche-Szenen zeigen.

Beim Durchqueren des Städtchens fällt mir ein zweistöckiges, ungepflegtes hölzernes Eckhaus ins Auge. An seiner Wand steht groß EL ARAUCANITO. Auf deutsch: „Der kleine Araucaner“ oder „Das Araucanerchen“. Zum Verständnis dieses Wortes: Die Mapuche wurden von den Spaniern „Araucaner“ genannt. Da „Indio“ als abfällige Bezeichnung, als Schimpfwort gilt, benutzt man statt dessen oft den Ausdruck „Araucaner“, der nicht als abwertend verstanden wird.

Im Erdgeschoß des Hauses befindet sich ein Laden mit einem großen Schaufenster, darüber steht zu lesen, daß hier „europäische Kleidung“ angeboten wird. Das heißt, es ist ein Secondhand-Laden. Dieser Art von Läden sind mein Sohn und ich während der Jeep-Reise, die wir 1994 durch Chile machten, in jeder Stadt begegnet. Aus Gesprächen mit Ladenbesitzern erfuhren wir damals, daß hier Kleidung aus europäischen Altkleidersammlungen verkauft wird. Einheimische hörten wir über diese Läden schimpfen: „Sie haben unsere ganze mittelständische Industrie kaputtgemacht!“

Kaum sind wir zurück, müssen wir schon wieder aufbrechen: Der eiserne Kessel, der über das offene Feuer gehängt werden soll, um darin das Pferdefett für die kleinen Fladen, die *sopaipillas*, zu erhitzen, befindet sich im Haus des Loncos, also des Häuptlings der Comunidad, zu der Victors Familie gehört. Als wir dort ankommen, begleitet von Pancho Lopez, muß der Kessel erst geleert werden. Er ist auch hier mit ausgelassenem Fett gefüllt gewesen. Endlich mit dem noch fettigen Kessel wieder daheim, ist es Zeit, Don Juan nach Carahue zum Bus zu fahren. Er ist etwa 60 km weiter südlich zu Hause, nahe der pazifischen Küste. Es gibt einen heiteren Abschied, denn wir wissen, daß wir ihn in ein paar Tagen wiedersehen werden: Er hat uns eingeladen, den Silvester- und Neujahrstag mit ihm und seiner Großfamilie am Strand zu verbringen.

Wir haben am Vormittag genug Canelo-Blätter gezupft, aber für die Zeremonie braucht Victor noch einen Korb voll Lorbeerblätter. (Lorbeer wächst in Südchile wild.) Wieder finden sich in der Ruca Frauen zusammen, alle aus der Comunidad. Sie kennen sich untereinander und unterhalten sich angeregt. Nur ein paar Worte von Regine genügen, um die Befangenheit derer, die mich noch nicht kennen, auszuräumen. Ich bin Regines Freundin. Das genügt. Im übrigen verbindet die gemeinsame Arbeit. Im Halbdunkel der Ruca, in die nur Licht durch die breite Eingangsöffnung fällt, erkenne ich erst nach einer Weile die alte Juana, die mit in der Runde sitzt. Ihr dicker schwarzer Zopf hängt ihr über die Schulter. (Das Haar fast aller Mapuche-Mädchen und -Frauen ist voll und strähnig. Naturlocken begegnet man selten.) Bald haben wir auch den großen, neuen Korb mit Blättern gefüllt. Die leergezupften Äste werden beiseite geräumt. Sie häufen sich am Rand des kleinen Festplatzes.

„Wie stark sie duften!“ sagt Regine, über die Blätter gebeugt.

Ich hebe die Schultern. Seit einer Nasennebenhöhlenentzündung vor etwa zwei Jahren kann ich so gut wie nichts mehr riechen – was seine Vorteile und Nachteile hat. Hier auf Quillem Alto empfinde ich den Verlust des Geruchssinnes als starke Beeinträchtigung. Denn ich kann mir vorstellen, wie viele wunderbare und ortstypische Gerüche mir entgehen.

„Frag doch mal Victor, ob er dir helfen kann“, meint Regine.

Dieser Gedanke ist mir auch schon gekommen. Denn vom Hals-Nasen-Ohrenarzt, den ich wegen dieser Sache daheim konsultierte, wurde mir eröffnet, daß da höchstwahrscheinlich nichts zu machen sei. Was sich nicht im Lauf des ersten halben Jahres nach dem Verlust regeneriere, meinte er, sei nicht mehr zu heilen. Aber eine Freundin von mir erzählte mir kurz vor der Reise, ihr sei es ähnlich ergangen. Da empfahl man ihr einen Heilpraktiker. Der habe ihren Geruchsinn wieder geweckt.

Warum soll ich Victor nicht fragen? Er ist doch ein Medizinmann. Und wie Regine mir erzählt hat, scheint sein Ruf, ein erfolgreicher Heiler zu sein, zu wachsen. Jedenfalls habe die Zahl seiner Patienten in den letzten Jahren zugenommen.

Grundschullehrer hatte er ursprünglich werden wollen – mit der Absicht, Mapuche-Kinder in der Sprache ihres Stammes zu unterrichten. Denn in den staatlichen Schulen wird nur spanisch gesprochen. Nie war ihm in den Sinn gekommen, Machi, also Medizinmann, zu werden. Er besuchte die Universität in Temuco und engagierte sich daneben für die Durchsetzung der Rechte seiner Mapuche-Brüder und -Schwestern, während Regine von morgens bis abends für eine Mapuche-Organisation arbeitete. Die nötige Kraft für diese Aufgabe bezog sie aus der Sympathie, die sie für das kleine, zähe Volk empfand.

Dort in Temuco lernten sie sich kennen und wurden ein Paar – was bei den Mitarbeitern der Organisation und bisherigen Freunden der beiden auf wenig Verständnis stieß. In ihren Augen beging Victor damit Verrat an seinem Volk. Denn Regine war eine Weiße, und von den Weißen hatten die Mapuche bisher noch nicht viel Gutes erfahren. Aber die Ablehnung schweißte die beiden nach kritischen Perioden – sie waren drauf und dran, alles hinzuschmeißen! – nur noch fester zusammen. Ja, Regine war eine Europäerin. Aber doch nicht eine mit der Mentalität der Conquistadoren! Schließlich hatte sie sich während ihrer Arbeit bei der Organisation ja genauso wie Victor für die Belange der Mapuche eingesetzt, und das hatten die beiden auch weiterhin vor.

Plötzlich begann er zu fiebern, verlor den Appetit, litt an unerklärlichen Schmerzen, geschwollenen Beinen – bis eine Machi, der er sich anvertraute, sein Problem erkannte: Laut ihrer Diagnose hatten ihn die Naturmächte, die die Geschicke seines Volkes leiten, zum Machi bestimmt und erwarteten von ihm, daß er in dieser neuen Funktion in seine Heimat bei

Carahue zurückkehre. Sich dieser Berufung zu entziehen, sei aussichtslos, würde mit dem Tod enden.

Erst wehrte er sich dagegen, einen solchen Weg einzuschlagen, er, der moderne Student. Aber als die rätselhaften Beschwerden nicht aufhörten, gab er, der in Mapuche-Traditionen aufgewachsen war und bis zu seinem achten Lebensjahr mit seiner Mutter nur *mapudungu* gesprochen hatte, seinen Widerstand auf und folgte dem Ruf.

Machi werden ist kein Kinderspiel, denn ein Machi ist ja nicht nur Heiler, sondern auch religiöser Führer. Regine erzählt mir, eine Machi habe Victor während dieser Entwicklung begleitet. Das meiste Wissen sei ihm über Träume eingegeben worden. So habe er manchmal im Traum oder in Trancezuständen die für die bevorstehende Behandlung nötigen Heilpflanzen gesehen oder deren Namen genannt bekommen. Das Stadium „ausgelernt“ gebe es bei Machis nicht. Victor bilde sich ständig weiter.

Ja, ich werde Victor bitten, meinen Geruchssinn wieder zu wecken. Aber erst muß ich die Feier vorübergehen lassen.

Beim Abendessen ist Victor nicht dabei, aber Pancho Lopez, der den ganzen Tag über bei den Vorbereitungen geholfen hatte, sitzt mit am Tisch. Ich erfahre, daß er Junggeselle ist, mit seinem ebenfalls alleinstehenden Bruder David zusammenlebt und vor allem Schafe hält. Er ist aber auch Hobbyschreiner, der an langen Winterabenden Stühle herstellt. Einige der Stühle, die rings um den Tisch stehen, stammen von ihm. Sein Bruder David ist auf Holzspielzeug spezialisiert, schnitzte aber auch schon Kultpfähle. Das ist keine Spielerei mehr, sondern ein geheiligtes Tun! Hat er auch Victors Kultpfahl gestaltet?

Was mich überrascht, sind Panchos literarische Interessen: Er liest sehr gern Bücher, wie er mich wissen läßt. Als ihm Regine erzählt, daß ich Schriftstellerin bin, scheint er mich in einem ganz anderen Licht zu sehen. Ob ich Bücher in spanischer Sprache geschrieben habe? Ich verspreche, ihm ein Buch von mir, ins Spanische übersetzt, zu schicken. Regine borgt ihm die spanische Ausgabe meines Jugendbuches „Die Verräterin“, die ich ihr mitgab, als sie bei mir zu Besuch war. Dieser einsame indianische Kleinlandwirt unten am Fluß lechzt also nach Lesestoff! Vielleicht wäre aus ihm ein Wissenschaftler oder Künstler geworden, wenn ihm die Chance geboten worden wäre, eine entsprechende Ausbildung zu erhalten?

Vor dem Schlafengehen wäscht Regine ihre Kinder im Badehäuschen von Kopf bis Fuß mit Seife und warmem Wasser vom Küchenherd. Sie liefen den ganzen Tag barfuß, wie immer im Sommer. Ihre Füße lassen sich nicht vollständig säubern.

Durchschnittlich jedes Vierteljahr einmal bringt Lifko, wie ich erfahre, Läuse aus der Schule mit heim. Dann bekommt er einen Sud aus Heilpflanzen auf die Kopfhaut gegossen, und Ayen sicherheitshalber auch gleich mit. Aber von Mitte Dezember bis Anfang März sind ja die Großen Ferien. Drei Kilometer Fußweg entfernt steht das kleine Schulhaus jetzt einsam, mit verschlossener Tür, im Grünen.

Die Kinder verschwinden müde nach dem langen Tag in ihren Betten. Regine bittet mich, ihnen noch ein Stück aus meinem Buch „Barfuß durch die große Stadt“ vorzulesen, das sie schon zur Hälfte kennen. Aufmerksam lauschen sie, bis ihnen die Augen zufallen. Was für schöne, gesunde Kinder!

Die Bedeutung ihrer Namen: Lifko – klares Wasser. Ayen – Lächeln.

An diesem zweiten Abend auf Quillem Alto juckt mich weniger der Floh (wenn es nicht schon mehrere geworden sind) als die Einbildung, bereits Läuse erwischt zu haben. Immerhin habe ich an diesem Tag viele Helferinnen und Helfer begrüßt und in der Umarmung meine Schläfe an ihre gelegt. (Noch jetzt, längst wieder in Deutschland, juckt mir die Kopfhaut, wenn ich daran denke.)

# 7

Samstagmorgen – Festtagsmorgen. Draußen kläffen die Hunde. Ich höre Stimmen, darunter auch die von Victor. Ich sehe ihn mit einem zweirädrigen Ochsenkarren fortfahren, um Canelo-Zweige für die Zeremonie zu holen. Männer aus der Nachbarschaft begleiten ihn.

Auch Regine ist schon auf den Beinen. Sie geht hinüber zum Schweinestall, um – im wörtlichen Sinn – ihre Sau rauszulassen, ihre mächtige, trächtige Sau, die ihr sehr am Herzen liegt – und die beiden anderen Schweine. Sie laufen tagsüber frei herum und kehren abends, wenn es dunkel wird, von ihren Ausflügen ganz allein zu ihrem Stallhäuschen zurück.

Rasch wandle ich mit meinem blauen Nachttopf wieder durch die Landschaft. Die kalte Dusche kostet mich schon etwas weniger Überwindung als am Vortag. Wunderbar erfrischt, bestaune ich danach die weite, in der Morgensonne leuchtende Landschaft.

Victor kehrt zurück und lädt die drei bis vier Meter langen Zweige ab. Am Frühstück nehmen wieder einige Helfer teil. Diesmal sitzt Regine am Kopfende des Tisches. Ich merke, daß niemand Anspruch auf einen festen Platz hat, auch nicht Regine, die Kinder und Victor. Man sitzt, wie es sich ergibt, die Kinder mittenmang.

Kaffee oder Tee? Ich kann mir vorstellen, daß der Neskaffee – anderen kann ich nicht entdecken – ziemlich teuer ist. Deshalb entscheide ich mich für schwarzen Tee.

Mit rotgeränderten Augen erscheint Pancho Lopez und schwenkt „Die Verräterin". Er habe die ganze Nacht bis zum Morgen gelesen. Jetzt habe er das Buch durch! Behutsam, fast zärtlich legt er es auf Regines Schreibtisch zurück. Es handelt von einem deutschen Mädchen, das während der letzten fünf Monate des zweiten Weltkriegs bis zum Kriegsende einen russischen Kriegsgefangenen versteckt. Für Pancho Lopez spielt es in einer anderen, fremden Welt. Ich mache mir meine Gedanken: Was stellt er sich unter „Lebensmittelkarten“, „Kinderlandverschickung“, „BdM“ oder „Volkssturm“ vor?

Ich bewundere Regine, die in ihrer üblichen Kleidung – abgeschabte Jeans, ausgewaschenes Sweatshirt und Sandalen – Regie führt, hierhin und dorthin läuft, immer neue Besucher in ihrer herzlichen Art begrüßt und sich um alles kümmert. Nie erlebe ich, daß sie den Überblick verliert, Erschöpfung zeigt oder ärgerlich wird.

Und wieder erscheint ein großer Beutel voller Erbsenschoten von irgend einer Nachbarin. Da kann ich doch nicht tun, als sähe ich ihn nicht! Und ich bin hier ja auch so herrlich frei: Keine Post stapelt sich auf meinem Tisch, die beantwortet werden muß; niemand ruft mich an und will etwas möglichst bis gestern; keine Liste dringender Arbeiten wartet auf Erledigung. Ich kann hier tun und lassen, was ich will. Und ich will jetzt Regine, über der die Arbeit zusammenschlägt, ein paar „niedere Dienste“ abnehmen.

Großmutter Juana schaut herein, strahlt mich an, und schon sitzt sie zwischen uns am Tisch und pellt mit. Sie kommt oft herüber, sitzt still dabei, spricht nicht viel, hört aber aufmerksam zu und nimmt das Erzählte auf. Das spürt man an ihren Augen. Pellen wir Erbsen oder Bohnen, macht sie mit. Und ich erkenne schnell, daß die Kinder sie lieben.

Auch Lifko hilft. Kaum sind alle Erbsen in der Schüssel, rufe ich nach neuer Arbeit und bekomme von Regine einen Berg von kleineren und größeren Stücken gebratenen Pferdefleisches zugeschoben, das für die *cazuela*, die Gemüsesuppe, kleingeschnippelt werden muß – *cazuela*, die chilenische Nationalsuppe, in die man alles hineinschnippeln kann! Daß das Messer unerhört scharf ist, merke ich sehr bald im eigenen Fleisch. Zum Glück komme ich mit einem nur kleinen Schnitt davon. In der Suppe wird also zwischen dem Pferdefleisch kein Fetzen meiner Materie herumschwimmen!

Ab und zu stehe ich für ein Weilchen auf und spähe durch das Fenster hinaus. Denn auf dem Platz vor dem Wohnhaus wird jetzt der *rehue*, der Kultpfahl, für die Feier vorbereitet.

Die dürren Canelo-Zweige vom letzten Fest, die, mit Lianenranken durchflochten und festgezurrt, den Pfahl an drei Seiten umgeben, werden gelöst und weggetragen. An deren Stelle befestigt man die eben aus dem Wald herbeigekarrten Zweige. Sie überragen den hölzernen Kopf um ein Beträchtliches und bilden um ihn, der mit einer glatten, waagerechten Fläche endet, einen buschigen Halbkreis. Der Canelo-Baum und die Araukarie sind die heiligen Bäume der Mapuche.

Vor dem Rehue steht nun ein kleiner Tisch, auch ein Stuhl. Verschiedene Behälter, Flaschen und mit Flüssigkeit gefüllte Krüge, auch Behälter mit Früchten und Körnern sind ringsherum auf Tisch und Boden angeordnet. Vielleicht mit der Bitte an die unsichtbaren Mächte um gute Ernte? Jedenfalls stellen sie für mich Spuren einer Welt dar, die sich mir verschließt.

Aus dem Binsendach der Ruca dringt dünner Rauch: In der Hütte brennt wohl wieder das Holzfeuer, das das Fleisch räuchern und es vor Fliegen schützen soll. Ich sehe Regine im Eingang verschwinden. Dort drin scheinen Speisen vorbereitet zu werden. Kaum habe ich das Fleisch zerkleinert, gehe ich ihr nach. Gemeinsam mit anderen Frauen beugt sie sich über den hölzernen Trog, rollt Teig zu Kugeln, drückt sie flach und wirft sie in den Hängekessel voll siedenden Pferdefetts. Nach einer Weile fischt sie sie als leckere braune Sopaipillas wieder heraus. Ich mache mit.

Immer mehr Gäste aus der Comunidad treffen ein, ganze Großfamilien mit vielen Kindern, die sich unters Volk mischen und neugierig zuschauen, wenn es was zu sehen gibt – aber nie stören. Einige Mapuche-Frauen erscheinen in traditioneller Festtracht: ein im Nacken verknotetes Kopftuch, darüber Bänderschmuck, um die Stirn handgeschmiedeter Silberschmuck, auch um den Hals eine schwere Silberkette aus vielen kleinen Teilen, die bis weit auf die Brust herunterhängt und, wie ich später erfahre, eine Komposition mythischer Symbole darstellt. Dazu unter einem Umhang eine langärmelige, an den Handgelenken gebauschte Bluse, ein langer, dunkler Rock und eine buntgemusterte Schürze.

Da es ein kühler Tag ist, haben manche Männer einen Poncho an, der sie wärmt. Aber die meisten Anwesenden tragen ganz normale Kleidung, wie sie in Kaufhäusern überall auf der Welt angeboten wird. Die alte indianische Männertracht ist, wie ich mir sagen ließ, im Lauf der letzten Jahrzehnte verschwunden.

Auch aus Temuco kommt jetzt Besuch. Es sind drei Dozenten der Universität: eine argentinische Freundin von Regine, die Mapudungu lehrt, mit ihrer vierzehnjährigen Tochter; ein Anthropologe, gebürtiger Mapuche, der während einiger Jahre in den USA lebte und arbeitete; eine chilenische Anthropologin, mit Victor und Regine befreundet. Außerdem erscheinen noch einige Mitarbeiter Victors aus dem Temucaner Büro der Mapuche-Organisation. Insgesamt haben sich nun sicher nahe an hundert Personen auf dem Festplatz versammelt.

Die Zeremonie kann beginnen. Victor trägt eine Kappe mit Silberschmuck, besteckt mit Blättern des Canelo-Baumes, und einen Umhang aus Seide, den Regine mit Mapuche-Symbolen, Tieren und Blättern bemalt hat. Bloßfüßig, dem Rehue zugewandt, beginnt er auf dem Kultrun zu trommeln. Rund um ihn formieren sich die einzelnen Männer- und Frauengruppen, der Rolle gemäß, die ihnen dieses Fest vorschreibt. Alle schwenken dichtbelaubte Canelo-Zweige. Noch fehlt der Helfer oder Sprecher, ein wichtiger Mann. Ihm kommt die Aufgabe zu, dem Machi bei den Kulthandlungen beizustehen und die Anweisungen oder Botschaften der Naturmächte zu verkünden, die sie dem Machi eingeben, während sich dieser in Trance befindet.

Endlich kommt er gelaufen. Sobald er sich das gewebte, gemusterte Band um die Stirn gebunden hat, tritt Stille ein. Nicht einmal mehr die Hunde kläffen. Sie haben sich zurückgezogen.

Ich sitze zwischen alten Leuten auf einer langen Bank, lehne mich an die Hauswand und sehe zu. Ich kann nicht behaupten, zu durchschauen, was nun rund um den Rehue abläuft. Ich kann mir nicht einmal die Reihenfolge der einzelnen Zeremonien merken. Mir ist zumute, als biete sich mir die Gelegenheit, durch einen schmalen Türspalt auf das Geschehen in einem fremden Raum zu spähen und nur einen winzigen Ausschnitt ohne Zusammenhänge im Blick zu haben. Aber ich glaube schon bald erkennen zu können, daß bei dem Mapuche-Volk Männer und Frauen am religiösen Leben den gleichen Anteil haben. Denn die aktiven Aufgaben innerhalb des Zeremoniells obliegen, wie ich sehe, beiden Geschlechtern. Und ich weiß aus den Texten, die ich vor der Reise über die Mapuche gelesen habe, daß es mehr weibliche als männliche Machis gibt.

Durch Pausen unterbrochen, läuft eine Kette von Ritualen ab. Ich erinnere mich vor allem an die Trommelwirbel, die das ganze Fest begleiten. Nicht nur Victor bewegt seinen Kultrun, in dessen Hohlkörper Samen, Körner, Silbermünzen rasseln. (Regine hat am Vortag die Kultzeichnung auf dessen Bespannung erneuert – unter anderem runenartige Gebilde, die an Sonnen mit gekrümmten Strahlen erinnern.) Auch eine Gruppe von drei oder vier Frauen, alle in traditioneller Tracht, steht dem Machi gegenüber und trommelt. Hinter seinem Rücken verstärken vier Männer, mit gewebten Stirnbändern geschmückt, den Rhythmus, indem sie abwechselnd zwei heisere Töne etwa im Terzabstand aus hölzernen Pfeifen mit quadratischen Mundstücken, *pifilcas* genannt, herauspressen. Zu diesen Trommel- und Pfeifenklängen kreisen alle Festteilnehmer außer den Alten und Kindern in gemächlichen Tanzschritten um den Rehue, dabei dem Machi, seinem Helfer und den Vortänzern folgend.

Ich schaue mich um und beobachte die Zuschauer. Hier herrscht keine Zwangsfeierlichkeit wie während der Gottesdienste in unseren Kirchen. Man darf lachen und auch mal für eine Weile weggehen. Regine, die ich kaum wiedererkenne, weil sie zur Feier des Tages einen langen Rock und eine festliche Bluse trägt, eilt zwischendurch immer mal wieder in die Küche, um nach dem Rechten zu sehen.

Allmählich steigert sich der Rhythmus der Trommel und Pfeifen. Auch die Trutruca, das gebogene Horn, fällt in den herben und monotonen Geräuschfluß ein.

Ay-ay-ay-Geschrei der Teilnehmer feuert den Machi an. Er läßt seinen Sprechgesang abwechselnd mit seinem Helfer in einer Art Zwiegespräch auf- und abschwellen. Den Mapudungu-Text verstehe ich nicht. Wahrscheinlich enthält er Anrufungen der Mächte, Bitten und Dank. In diese Gebetfolge ordnet sich der Sprechchor einiger Männer ein, die hinter dem Rücken des Machi mit gebogenen Stöcken böse Dämonen abwehren und ihm Kraft übermitteln.

Im Lauf der Zeremonie zieht sich der Machi das Stirntuch über die Augen. Nun kann er nichts mehr sehen. Andächtig umringt ihn die Gemeinde, lauscht, zeigt unendliche Geduld. Denn der Zustand des Machi verändert sich nur sehr langsam.

Auf einmal wird seine Stimme hoch und schrill: Er ist in Trance geraten. Zuweilen beginnt er zu würgen. Mit enormer Geschwindigkeit rasselt sein Helfer einen Text herunter. Wie ich später erfahre, verkündet er, was die Mächte dem Machi während seines Außer-sich-Seins mitteilen. Deren Weisungen und Botschaften muß er wortwörtlich wiedergeben, sonst kann es geschehen, daß die Mächte in Zorn geraten.

Die Spannung nimmt zu, als der Machi in tiefer Trance, also ohne bewußt mitzuerleben, was er tut, barfuß den Kultpfahl, den Rehue, erklimmt. Stufe um Stufe, den Kopf in den Nacken gelegt, Gebete murmelnd und die Arme öffnend, bewegt er sich aufwärts. Wie mir Regine später erklärt, verkörpern die einzelnen Stufen die Mächte des Machi. Auf dieser Feier fleht er vielleicht, deren Sinn entsprechend, um neue Heilkräfte, dankt für die früheren, bittet auch um eine gute Ernte und das Wohlergehen der Comunidad.

Endlich steht er ganz oben auf dem Kopf des Rehue und rüttelt, das Gesicht mit den verbundenen Augen dem Himmel zugewandt, an den dichtgereihten Zweigen. Damit ist der Höhepunkt der Zeremonie erreicht. Langsam steigt er die heilige Treppe wieder hinab, während sein Helfer die Litanei dessen, was die Mächte mitzuteilen haben, laut herunterrasselt.

Nur allmählich kommt der Machi wieder zu sich. Er wirkt erschöpft. Sein Gesicht ist schweißüberströmt. Später erzählt mir Regine, daß Victor sich an das, was er im Trance erlebt, nicht erinnern kann.

In der Pause wird eine Cazuela gereicht, in der Pferdefleisch- und Kartoffelstücke, auch allerlei Gemüse schwimmen. Regine schöpft sie mit einer großen Kelle aus einem Kessel. Dazu reicht sie die runden, flachen, in schwimmendem Fett ausgebackenen Sopaipillas. Natürlich gibt es – außer für jene, die sich im Wohnzimmer zusammenfinden – keine Tischplätze. Die meisten Leute haben sich auf dem Platz niedergelassen, wo der Rehue steht: auf improvisierten Bänken, auf Stühlen, die wir aus dem Haus geräumt haben, auf den Wandbänken in der Ruca, auf Holzstapeln, auf dem Boden. Es gibt nicht genug Geschirr für so viele Leute. Man reicht Teller und Löffel, sobald man fertig ist, einfach weiter. Ich erhalte einen Teller, aus dem vorher ein alter Mapuche gegessen hat. Jemand geht herum, gießt Rotwein in ein Glas und reicht es jemandem zu. Der trinkt es halb oder ganz aus und gibt das Glas zurück. Es wird wieder aufgefüllt, und der Nächste bekommt es zugereicht. So wandert es von Mund zu Mund. Nach dem Motto „Augen zu und durch!" halte ich innere Widerstände nieder, esse ich aus dem ungewaschenen Teller, trinke aus dem ungewaschenen Glas. Unauffällig findet sich noch ein sauberer Löffel.

Ich erkenne: Was unsereinem selbstverständlich geworden ist, gilt hier auf einmal nicht mehr als selbstverständlich. Läßt sich mein zimperliches Verhalten aus einem anerzogenen „Benimm" erklären? Sind diese „Anstands"-Vorschriften aus hygienischen Gründen berechtigt? Wenn es nur um Hygiene geht: Sollte man da nicht auch auf das Einander-Umarmen und das Händeschütteln verzichten? Ist da nicht auch ein Hochmut der Europäer im Spiel, die sich erhaben über die „Eingeborenen“ anderer Kontinente fühlen?

Ich schleppe schmutziges Geschirr ins Haus. Andere Frauen helfen mit, darunter die argentinische Lehrerin. Gemeinsam sorgen wir dafür, daß sauberes Geschirr für neue Mahlzeiten bereitsteht.

Niemand bleibt im Verlauf dieses Tages hungrig. Es gibt Fleisch und Brot im Überfluß. Schüsseln, gefüllt mit gekochten, nun erkalteten Saubohnen werden immer wieder herumgereicht. Man greift hinein, nimmt sich eine Handvoll und ißt sie ähnlich wie Nüsse. Anfangs schmecken sie mir nur mäßig, zumal sie nicht gesalzen sind, später werde ich geradezu saubohnensüchtig! Auch Schüsseln voll *mote* kreisen: in Asche gekochte und danach gewaschene Weizenkörner. Mit den bloßen Fingern fährt man in die lockere, klebrige Masse und schaufelt sich eine Handvoll heraus. *Mote*, ein volkstümliches chilenisches Gericht, oft auch mit Kompott als Nachtisch gereicht, kenne ich noch von meiner Zeit in Temuco. Ich habe mich nie dafür begeistern können. Auch jetzt schmeckt es mir nicht.

Manche der Leute aus der Comunidad gehen gegen Abend nach Hause, um die Tiere zu versorgen und daheim zu schlafen, aber mit der Absicht, am nächsten Morgen wieder zum Festplatz zurückzukehren. Wer weiterhin den Zeremonien beiwohnt, durchwacht die ganze Nacht.

Am späten Abend, als die Dämmerung schon über Quillem Alto hereinbricht, beginnt in der Ruca die Zeremonie, die Victor neue Heilkraft zuführen soll. Ich betrete die längliche Hütte durch eine kleine, niedrige Seitentür. Alle die Pferdefleischstücke, die tagsüber noch da gehangen haben, sind verschwunden. In der Mitte der Hütte, auf dem gestampften Boden, kokelt ein Holzkohlenfeuer. Spärlich beleuchtet es die

Gesichter der längs der Wände aneinandergereiht sitzenden Menschen wie auch die Umrisse des Machi und seiner Helfer.

Mit dem Kopf zum offenen Eingang, liegt er auf einer Matratze, an deren Kopf- und Fußende große Canelo-Zweige im Boden stecken. Er ist zugedeckt mit einer handgewebten Mapuche-Decke, überstreut mit Blättern vieler Heilpflanzen, vor allem solcher, die er besonders oft für die Behandlung seiner Patienten verwendet. Ein anderer Machi, Don Fermin, extra für diese Zeremonie aus der Gegend von Nueva Imperial herbeigeholt, sitzt auf einem niedrigen Schemel und beugt sich über ihn. Er schlägt Wirbel auf dem Kultrun, unterstützt von den Frauen im Silberschmuck, die ebenfalls trommeln, und den Männern, die Töne aus ihren Holzflöten und den Hörnern quetschen. In eintöniger Gebetslitanei beschwört er die Mächte, die Auswirkungen dämonischer Kräfte, also alles Böse, Kranke und Schwächende, aus Machi Victor herauszuziehen und seine Kräfte zu erneuern, damit er Kranke zu heilen vermag und sich selbst wieder stark fühlt.

Ab und zu reicht der Machi sein Kultrun Regine oder andere Anwesenden. Das Instrument muß so nah wie möglich zur Feuerstelle gehalten werden, daß sich die gespannte Trommelhaut erwärmt. Auch während des Tages setzt man die Trommelbespannungen immer wieder der Sonne aus. Durch die Wärme spannt sich die Haut, der Ton wird heller.

Gegen Mitternacht fallen manchen der Anwesenden die Augen zu. Sie sind ja schon früh gekommen, und es war ein langer Tag. Auch ich kämpfe mit dem Schlaf. Leise schleiche ich mich hinaus und hinauf ins Haus, in mein Zimmer. In Kleidern lege ich mich auf das Bett, denn ich will mich ja nur kurz ausruhen und dann gleich wieder in die Ruca zurückkehren.

# 8

Als ich aufwache, dämmert es schon. Fast fünf Stunden habe ich geschlafen! Gedämpfte Geräusche dringen aus dem Wohnzimmer. Ich werfe einen Blick hinein. Frauen werkeln in der Küchenecke, bereiten die Mahlzeiten vor. Auch Regine, jetzt wieder in ihren Jeans, ist unter ihnen. Sie hat in dieser Nacht kein Auge zugetan. Ich trinke schnell einen Tee und laufe dann in die Ruca, um nichts zu versäumen.

Aber ich komme zu spät. Die zweite nächtliche Zeremonie, in der die Mächte dem Machi neue Kräfte verleihen, hat schon stattgefunden. Victor ist jetzt für das neue Jahr sozusagen „aufgeladen“, hat seine Fähigkeiten, Menschen zu heilen, unter Beteiligung aller – seiner Familie, seiner Freunde, der Mitglieder seiner Comunidad – erneuert. Nun sehe ich ihn mit Machi Fermin und anderen Helfern zum Haus hinaufgehen. Nach all den körperlichen und seelischen Strapazen, die die Zeremonien ihnen abverlangt haben, lockt jetzt ein kräftiges Frühstück.

Als ich zum Plumpsklo wandere, fallen mir leere Flaschen im Gras ins Auge. Regine hat mir stolz erzählt, daß sich die meisten Leute der Comunidad bei so wichtigen Heilzeremonien nicht mehr betrinken. Aber ein paar Trunkenbolde gibt es immer.

Als ich vor drei Tagen hier ankam, stellte ich mir Quillem Alto als zwar arme, aber heile Welt vor. Inzwischen mußte ich zur Kenntnis nehmen, daß der übermäßige Alkoholgenuß wohl auch in dieser Comunidad manche Menschen, vor allem Männer, ins Elend gestürzt hat. Ich erinnere mich an das, was mir Regine von den Schulausflügen erzählte: Einmal im Jahr organisiert die Landschule, die Lifko besucht, einen gemeinsamen Tagesausflug von Eltern und Schülern unter Leitung des Lehrers. Zur Finanzierung der Verpflegung der Ausflügler gibt der Staat eine kleine Beihilfe. Die Hauptkosten sparen die Eltern das ganze Jahr über zusammen, indem sie auf Fußballturnieren Alkohol verkaufen. Das ist eine illegale, aber die sicherste Geldbeschaffungsmethode auf dem Land. (Regine: „Komischerweise haben die Männer für Alkohol immer noch Geld in der Tasche, wo sie sonst immer so am Jammern sind!“) Beim Ausflug wird für reichlichen Alkoholproviant gesorgt, weil für die meisten Leute hier ein Schulausflug ohne Wein und Fleisch kein Ausflug ist! Nur durch die Aussicht auf den ausgiebigen Weingenuß seien die meisten Väter zu bewegen, daran teilzunehmen. Die Heimkehr verläuft dann unter entsprechenden Umständen – und das vor den Augen der Kinder im Grundschulalter!

Den Alkohol brachten die spanischen und portugiesischen Eroberer nach Mittel- und Südamerika. Er hat viele Mapuche-Existenzen zerstört und den Ruf der Mapuche verdorben. Davon konnte ich mich in meinen Temucaner Jahren selbst überzeugen.

Ich wundere mich, daß das Plumpsklo bei so intensiver Benutzung immer noch recht sauber ist. Nur die Toilettenpapierrolle ist aufgebraucht. Auch das Seifenstück neben der Waschschüssel beim Patientenhäuschen gibt es nicht mehr. Aber schon kommt Regine mit einer neuen Rolle angelaufen. Ein weißer Streifen flattert hinter ihr her. Und bald liegt auch ein neues Seifenstück neben der Schüssel. Kurz danach sehe ich Regine schon wieder am anderen Ende des Anwesens, wo sie die Schweine aus dem Stall läßt. Mit lustvollem Grunzen verteilen sie sich im Gelände.

Sobald die Sonne aufgeht, versammeln sich die Gäste von neuem um den Rehue. Viele Kinder wuseln herum. Familien ohne Kinder scheint es nicht zu geben. Auch alte Leute, deren Kinder schon längst erwachsen sind, nehmen an dem Fest teil. Manche Familien aus der Comunidad haben Verwandte mitgebracht, die jetzt in den langen Schulferien mit ihren Kindern aus Santiago zu Besuch gekommen sind, um ihre Heimat und ihre Familie wiederzusehen. Es gibt kaum jemanden unter den Mapuche, der nicht Verwandte in der Hauptstadt hätte.

Regine hat alle Hände voll zu tun. Nach dem Frühstück türmt sich wieder einmal schmutziges Geschirr in der Küchenecke. Die argentinische Lehrerin und ich, inzwischen ein aufeinander eingespieltes Team, machen uns darüber her. Ich wundere mich über meine Hände: Sie werden gar nicht mehr richtig sauber. Vom vielen Erbsen- und Saubohnenpellen hat sich unter den Nägeln zäher Schmutz festgesetzt, und am Zeigefinger der rechten Hand entdecke ich eine Blase. Wie lange schon habe ich derlei Erfahrungen nicht mehr gemacht! Ich merke, daß ich diese Beweise intensiver Hausarbeit nicht ungern wahrnehme.

„So ist es nun mal", meint die Argentinierin, „das Landleben ist etwas grundsätzlich anderes als das Stadtleben ..."

Ich kann ihr nur beipflichten – mit dem Zusatz, daß jede der beiden Lebensarten ihre Vorteile hat, die aber durch Nachteile bezahlt werden müssen.

Inzwischen wird hinter der Ruca in aller Eile noch ein Schwein geschlachtet, das Machi Fermin am Morgen für die Zeremonie gefordert hat. Regine ist darüber nicht glücklich. Eigentlich sollte dieses junge Tier später auch der Aufzucht dienen.

Ich komme mit der Anthropologin aus Temuco ins Gespräch, einer sympathischen, etwa fünfundfünfzigjährigen Frau, die zu Victor und seiner Familie in enger Beziehung steht. Sie war seine Patientin, hat keine Familie, lebt allein und schloß Victor, Regine und die Kinder ins Herz. Sie versucht mir zu erklären, welche Probleme die Mapuche haben und worum sie kämpfen. Der Inhalt ihrer Darstellung ist etwa dieser: Die heutigen Mapuche leiden vor allem unter dem Landmangel. Noch etwa 600.000 Angehörige dieses Volkes leben auf dem Land. Sie verfügen über 300.000 Hektar Land. Das entspricht etwa der Hälfte von Bayern. Wobei man noch bedenken muß, daß man den Mapuche fast nur karstiges, ausgelaugtes, unfruchtbares Land überließ. Außerdem liegen die einzelnen Reduktionen ganz verstreut zwischen Großgrundbesitzen. Die Mapuche-

Lebensgemeinschaften können deshalb einander oft nur schwer helfen. Diese Zersplitterung wurde ganz bewußt von den Spaniern, später von der chilenischen Regierung betrieben, um keine Zentren einer möglichen Mapuche-Gewalt entstehen zu lassen. Im Lauf der letzten Jahrhunderte entwickelten die Chilenen und europäischen Einwanderer immer mehr schmutzige Methoden, um den Ureinwohnern Land abzutricksen. Da diese im allgemeinen Analphabeten waren, konnten sie die Texte, die man sie unterschreiben ließ, weder lesen noch verstehen. Sie zu betrügen, fiel nicht schwer. Man ließ sie im bürokratischen Dschungel den Kürzeren ziehen oder machte sie betrunken und veranlaßte sie in einem Zustand, in dem sie nicht wußten, was sie taten, Verträge zu unterschreiben, die vor Gerichten der Weißen natürlich als gültig anerkannt wurden. Sehr beliebt war unter den Großgrundbesitzern auch die Methode, heimlich die Grenzmarkierungen zu ihren eigenen Gunsten zu verschieben.

So war es im vergangenen Jahrhundert, und so ist es noch immer: Viele Mapuche, die auf ihren unfruchtbaren Landstücken nicht einmal genug Kartoffeln, Mais, Weizen und Bohnen für ihre Selbstversorgung erzeugen können, geben auf. Dazu trägt auch bei, daß es ihnen oft aus finanziellen Gründen und wegen der weiten Entfernungen nicht möglich ist, ihre Kinder in eine Schule zu schicken. Sie ziehen in die Städte, vorzugsweise in die Hauptstadt Santiago. Vor allem Jugendliche sehen in der Landflucht Chancen für ihre Zukunft. In den Ballungszentren halten sie sich mühsam über Wasser, indem sie Arbeiten übernehmen, die anderen als zu schlecht bezahlt erscheinen. Aufgrund ihrer Armut und ihrer mangelhaften Bildung gehören sie zur untersten Schicht in der Hierarchie der Gesellschaft Chiles.

Aber nun wächst Widerstand. Vor allem seit der Pinochet-Diktatur haben sich Mapuche-Organisationen gebildet, die alles tun, um die Aufmerksamkeit der Welt auf die Probleme ihres Volkes zu lenken und durch Gespräche mit der chilenischen Regierung zu erreichen, die Lage der Mapuche zu verbessern. Und natürlich bemühen sie sich darum, ihre traditionelle Kultur, Religion und Lebensweise zu stärken und zu verteidigen. Dazu gehört, daß sie die Mitglieder ihres Volkes auffordern, sich selbstbewußt mit ihrer Kultur zu identifizieren.

Wir unterhalten uns auch noch eine Weile über Victors Tätigkeitsbereich als Heiler. Die Anthropologin berichtet von der spektakulären Heilung eines jungen Mädchens, dessen Füße zu faulen begannen. (Auch Regine hatte mir von diesem Fall erzählt. Die Zehen seien schwarz geworden und hätten schon unerträglich gestunken.) Im Krankenhaus in Temuco beschloß man, die Füße des Mädchens zu amputieren, um ihr Leben zu retten. Ihre verzweifelten Verwandten beschworen Victor, ihr zu helfen. Er holte sie aus dem Krankenhaus und behandelte sie mit Hilfe von Heilpflanzen und Anrufungen der Mächte. Nach zwei Monaten waren die Füße geheilt.

Im Gedächtnis bleiben mir vor allem die beiden Sätze der Anthropologin: „Die moderne Gesellschaft nimmt nur wahr, was über dem Meeresspiegel ist. Von der Welt darunter weiß sie nichts.“ Sie sagen etwa das gleiche aus wie Shakespeares Hamlet-Ausspruch: „Es gibt mehr Dinge im Himmel und auf Erden, als eure Schulweisheit sich träumt.“

Eine halbe Stunde später fährt sie ab.

Eine neue Zeremonie beginnt rund um den Rehue. Ich vermute, daß der dumpfe Rhythmus der Trommeln weit über das Land zu hören ist. Er erscheint mir jetzt schon vertraut. Die anderen Instrumente setzen ein. In der Küchenecke mit irgend einer Arbeit beschäftigt, spähe ich ab und zu durch das Wohnzimmerfenster hinaus auf den Festplatz, wo die Menschen, Canelo-Zweige schwenkend, in gemessenen Schritten um den Pfahl kreisen. Es ist eine Dankfeier. Nach einer guten Weile verstummen die Trommeln, die Pfeifen, die Hörner. Pause.

Regine ruft mir von draußen zu: „Komm raus, der Vogeltanz beginnt!“

Vom Vogeltanz, dem *choike*, habe ich schon gehört. Er wird am Ende jeden großen Mapuche-Festes getanzt, ist sozusagen eine Art Schlußpunkt. Im Gegensatz zu den Zeremonien des Machi gilt er als heiter.

Und schon bin ich draußen. Fünf männliche Mapuche, alle barfuß und mit aufgerollten Hosenbeinen, stellen sich am östlichen Ende des Festplatzes auf: ein alter schlanker Mann, zwei junge Männer, vielleicht zwischen sechzehn und neunzehn Jahren, und zwei kleine Jungen, von denen der eine zu meiner Überraschung Lifko ist. Um den Kopf tragen sie jeweils ein gewebtes Band, hinter dem ein paar Federn stecken, und über den Schultern einen diagonal gefalteten Poncho. Den halten sie an den seitlichen Zipfeln mit den Händen fest. Die anderen beiden Zipfel hängen dicht beieinander hinten vom Rücken herunter, wie Schwänze. Bei den jüngsten Tänzern schleifen sie fast am Boden.

Die Trommeln beginnen zu pochen, diesmal aber in einem ganz anderen Rhythmus: lebhaft, hüpfend, ja fast aufreizend. Die Pfeifen fallen ein. Der erste Vogel stelzt heran, dreht sich mit zierlichen Sprungschritten um den Rehue, nickt dabei ruckartig mit dem Kopf und bewegt die ponchobedeckten Arme flügelartig auf und ab. Die vier übrigen Tänzer folgen ihm. Sie hüpfen im Kreis, ziehen die Knie manchmal fast bis zum Kinn hinauf, senken dann wieder die Oberkörper tief und recken die Gesäße aufwärts. Gleichzeitig drehen sie sich um sich selbst. Jeder von ihnen zeigt einen anderen Tanzstil, aber alle Stile erinnern an Vogelbewegungen. Auch der alte Mann erweist sich als noch erstaunlich gelenkig.

Mittendrin ändert sich der Rhythmus der Begleitmusik. Blitzschnell ändern auch die Tänzer ihren Bewegungsrhythmus. Mit Wohlgefallen schauen die Gäste zu. Applaudiert wird nicht. Das Applaudieren ist den Mapuche fremd. Ihre Freude, ihre Dankbarkeit, ihren Ansporn drücken sie auf andere Weise aus.

Der graziöseste Tänzer ist Lifko. Fasziniert sehe ich ihm zu. Mit einer unbeschreiblichen Anmut imitiert er einen Vogel.

Regine und Victor lächeln. Ayen, an Regines Seite, schaut zu seinem Bruder bewundernd auf. Nach einer Weile verklingen die Trommeln, die „Vögel“ hüpfen auf ihre Ausgangsposition im Osten des Platzes zurück, begleitet von den freundlichen Blicken der Zuschauer.

Mir gehen allerlei Gedanken durch den Kopf: Lifko wächst in den Traditionen der Mapuche auf. Er besitzt die deutsche und die chilenische Nationalität. Für eine von beiden muß er sich entscheiden, wenn er das Alter der Volljährigkeit erreicht. Und wenn er sich auch für den chilenischen Paß entscheiden sollte – wird er sich zu dem Volk seines Vaters bekennen?

Während des Mittagessens beobachte ich, daß manche der Leute Taschen oder Beutel bei sich haben, in denen sie die gereichten Speisen – Fleischstücke, aber auch Salzkartoffeln und Gemüse, ja sogar Mote – oder wenigstens einen Teil davon verschwinden lassen. Was geht da vor? Da fällt mir ein, was mir Regine schon vor einem oder zwei Tagen erklärte: daß es in Mapuche-Kreisen als beleidigend, mindestens aber als ungehörig gelte, Speisen zurückzuweisen. Nicht einmal, wenn man satt sei, dürfe man das. Aber es sei erlaubt, sie mit heimzunehmen. Dazu verpacke man sie in Beutel.

Am Nachmittag findet die Schlußveranstaltung statt: die Danksagung. Victor, den ich an diesem Tag auch schon barfuß, mit hochgekrempelten Hosen und in einem weiten blauen Kittel sah, sitzt jetzt wieder mit seinem Machi-Kopfschmuck auf einem Sessel in einigem Abstand vom Rehue, ihm das Gesicht zuwendend. Ich wundere mich darüber, wie viele Leute auf einmal zusammenströmen. Auch die Kinder, die irgendwo zwischen den Hütten Fangen oder Verstecken spielen, werden herbeigepfiffen. Sogar die Alten erheben sich und ordnen sich in eine lange Schlange ein. Ich sitze auf einmal fast allein auf der Bank. Bisher erachtete ich es als selbstverständlich, an den Zeremonien der Mapuche nicht aktiv teilzunehmen, denn ich gehöre ja nicht zu ihnen. Aber da kommt auch schon Regine gelaufen und flüstert mir zu: „Jetzt mußt du unbedingt mitmachen. Komm – !“

„Aber – !“

Sie zieht mich von der Bank hoch, reicht mir einen buschigen Canelo-Zweig und schiebt mich hinter sich in die Reihe. Sie hat sich für diese Zeremonie wieder sonntäglich gekleidet. Nach einer kurzen Eingangszeremonie setzt sich die Reihe in Bewegung, auf Victor zu. Eine lange Schlange. Mit einer Umarmung dankt der Machi seinen Gästen dafür, daß sie ihm geholfen haben, sich zu erneuern. Und die Gäste danken ihm für die großzügige Bewirtung.

An einem der Vortage habe ich auf meine Frage: „Wer bezahlt denn das alles?“ von Regine erfahren, daß Victor die Kosten für die gesamte Feier trägt. Allein für das Pferd mußte er – umgerechnet in deutsche Währung – etwa 350 Euro zahlen. Ich wundere mich darüber. Jeder der Teilnehmer könne doch einen kleinen Beitrag dazu leisten! Regine macht mir klar, daß das eine europäische Sichtweise sei. Aus der Sicht der Mitglieder der Comunidad stelle es einen Gerechtigkeitsausgleich dar, wenn Victor die Finanzierung übernehme: Er verdiene während des Jahres durch seine Patienten ja Geld. Seine Gäste, die Leute aus der Comunidad, leben nur von den Erzeugnissen ihres kleinen Grundbesitzes. Deshalb tragen sie im Rahmen ihrer bescheidenen Möglichkeiten zum Gelingen des Festes bei, indem sie Geschenke mitbringen: Kartoffeln, Erbsen, Saubohnen, Brot und andere Naturalien.

Die Danksagung bedeutet das Ende des Festes. Das große Wochenende klingt mit einer Kette von Verabschiedungen aus, wieder Wange an Wange. Regine steht alle Umarmungen in ihrer herzlichen Art durch, die Scheidenden fühlen sich von ihr geschätzt und gemocht. Aber Regines Augen, ihr Gesicht verraten doch, daß sie todmüde ist.

Eine Familie nach der anderen wandert heim oder rumpelt auf einem Ochsenkarren davon. Einige der Temucaner sind im

Wagen gekommen. Auch ein Taxi aus Carahue taucht auf. Nur die Argentinierin mit ihrer Tochter, die an einer Magenverstimmung leidet, bleibt bis zum Montagmorgen.

Einem, der in diesen Tagen am meisten geholfen hat, fällt es anscheinend schwer, nach so viel Trubel und Gemeinsamkeit in seine stille Hütte heimzukehren: Pancho Lopez. Stumm sitzt er nach dem gemeinsamen Abendessen, bei dem aus purer Müdigkeit wenig gesprochen wird, noch eine Weile im Wohnzimmer herum und blättert in einem von Ayens Kinderbilderbüchern, das in spanischer Sprache und spaßigen Zeichnungen die Geschichte einer Kuh erzählt, der eine Mücke ins Ohr flog. Dort summt sie nun ohne Unterlaß und treibt das arme Rind fast in den Wahnsinn, bis ihm ein cleveres Schweinchen einen guten Rat gibt.

Pancho borgt sich das Buch aus, um es daheim zu lesen – sicher nicht nach dem Motto „Besser ein Kinderbuch als gar kein Buch", sondern indem er es ernstnimmt, wie ein gutes Kinderbuch auch von Erwachsenen ernstgenommen und mit Genuß gelesen werden sollte. Beim Lesen, vermute ich, fühlt er sich nicht allein.

Regine kehrt bekümmert vom Schweinestall zurück: Ihre Sau, die bald ferkeln soll, ist nicht heimgekommen. Hat sie irgendwo draußen ihre Frischlinge geworfen? Oder ist sie von einem Puma gerissen worden? In den letzten Tagen ist viel von einem Puma die Rede gewesen, der in der Gegend von Quillem Alto sein Unwesen treibe. Sie wäscht die Kinder, bringt sie nach Victors Gutenacht-Kuß zu Bett und kümmert sich um ihre Freundin, die Argentinierin, und deren Tochter. Ich weiß nicht, wie lange sie noch auf den Beinen bleibt, denn ich ziehe mich zurück. Victor bedankt sich bei mir für meine Hilfe.

Die Flöhe beißen.

# 9

Am Montagmorgen stehe ich wieder um 7 h auf. Ein Blick durch das Fenster verrät, daß wunderbares Sommerwetter zu erwarten ist. Ich entschließe mich, heute keine Strümpfe zu tragen. Sie werden nur schmutzig von all dem Staub. Ich lege meinen leichten Sommerrock bereit.

Nun ist der Gang mit meinem blauen Nachttopf in Nachthemd und Mantel durch die Wiese schon fast Gewohnheit geworden. Nur ärgere ich mich über den nassen Saum. Diese tägliche Strapaze will ich meinem Nappa-Mantel nicht zumuten. Auf dem Rückweg vom Plumpsklo schürze ich meine Gewänder und stakse wie ein Storch durch die Margariten. Ich muß einen eindrucksvollen Anblick bieten. Aber niemand sieht mich, alle schlafen noch, erschöpft vom Fest. Mit nassen Beinen erreiche ich das Badehäuschen. Nein, nasse Beine sind auch nicht das Wahre. Ich muß mir eine andere Lösung dieses Problems einfallen lassen.

Ich freue mich auf den ruhigen Tag. Aber als ich in der Duschwanne stehe und den Hahn aufdrehe (mit angehaltenem Atem, um auf die Kälte des Wassers vorbereitet zu sein), gibt es eine unangenehme Überraschung: Nichts fließt. Aus dem Wasserhahn über dem Waschbecken fallen noch ein paar Tropfen, mit denen ich gerade mal das Gesicht nässen kann. Dann versiegt auch dieses Rinnsal. Jetzt bin ich froh, daß wenigstens meine Beine Wasser abbekommen haben, auch wenn es nur Tau gewesen ist.

Der große Wasserbedarf an den beiden vergangenen Tagen hat wohl den Wasserspiegel im Brunnen bis unter die Pumpe gesenkt. Ich muß also mit dem Zähneputzen warten, bis Regine aufsteht und Wasser aus dem Brunnen zieht.

„So haben wir bis vor kurzem immer gelebt“, erzählt sie mir. „Wenn wir Wasser haben wollten, mußten wir es aus dem Brunnen holen.“

Unruhe treibt sie zum Schweinestall, strahlend kehrt sie zurück: Ihre weiße Sau ist wieder aufgetaucht. Diese Nachricht sorgt für gelöste Stimmung beim Frühstück. Auch die Argentinierin und ihre Tochter sind wieder mit dabei. Regine erwähnt beiläufig, daß während des Festes nichts verschwunden ist. Kein Teller, kein Löffel, auch kein Wäschestück. Das überrascht mich. Denn die meisten der Gäste leben in ärmlichen Verhältnissen. Wenn sie es darauf angelegt hätten, wäre es ihnen ohne Mühe gelungen, Dinge zu stehlen, die in der Wohnung herumlagen, ohne daß man ihnen den Diebstahl hätte zuordnen oder nachweisen können. Regine und Victor sperren kein Zimmer ab. Sie haben Vertrauen.

Victor sitzt nicht mit am Tisch. Er kümmert sich um den Vater einer Patientin, der schon am späten Abend von weither kam, um zwei Literflaschen abzuholen, gefüllt mit einem Heilgetränk, das Victor für die Kranke zubereitet hat. Montag ist ja Patiententag. Nun sitzen sie in der Ruca, zusammen mit ein paar Männern aus der Comunidad. Die sind gekommen, um zu fragen, ob der Machi gut aufgewacht sei und es ihm gutgehe. Wahrscheinlich wird über die vergangenen Tage gesprochen. Und über allgemeine Themen. Zum Beispiel darüber, daß das natürliche Umfeld der Heilpflanzen mehr und mehr zerstört wird und sie deshalb immer schwieriger zu finden sind. Vielleicht wird es für die traditionelle Mapuche-Medizin bald nicht mehr alle nötigen Heilpflanzen geben ...

Dieser Nachbesuch ist fester Bestandteil des gesamten Festablaufs.

Die Hunde sind wieder da und schnüffeln auf dem Festplatz herum. Sie finden keine Knochen aus dem Festessen des vergangenen Tages. Die wurden schon eingesammelt. Denn die Knochen der zeremoniellen Feste dürfen nicht von Hunden gefressen werden.

Ich suche die leeren Flaschen und Karaffen zusammen und bringe sie ins Haus. Ich wundere mich, als ich den Müll einsammle, den die Gäste zurückgelassen haben: zerknülltes Papier, ein paar Scherben, zwei oder drei zerrissene Plastikbeutel – das ist alles. Nach einem Fest im Freien mit der gleichen Anzahl von Teilnehmern käme in Deutschland sehr viel mehr Müll zusammen!

Der Grund dieses Unterschieds wird mir schnell klar: Hier fehlen die vielen Verpackungen aus Plastik, Blech oder Karton. Während des Festes sind keine Süßigkeiten, keine Chips, keine Cola- oder Bierdosen zum Verkauf angeboten worden. Und mir war während der beiden Tage auch nichts derartiges im Gepäck oder in den Händen der Anwesenden ins Auge gefallen. Die meisten Mapuche aus Victors Comunidad sind offensichtlich zu arm, um sich und ihren Kindern Dinge zu kaufen, die zum Leben nicht unbedingt nötig sind.

Regine schafft alle in der Zeremonie benutzten Heilpflanzen – es sind drei Säcke voll Blätter – und die Canelo-Zweige, die bei der nächtlichen Zeremonie an den Matratzen-Enden standen, auf die Camioneta, dazu einen Müllsack, prall gefüllt mit verrottbarem Abfall und einen Beutel mit den Knochen. Einen zweiten Plastikbeutel mit dem nicht verrottbaren Müll bindet sie zu, läßt ihn aber neben dem Wagen liegen. Den nimmt, wie ich höre, der Nächste mit, der nach Carahue fährt, um ihn dort in eine städtische Mülltonne zu werfen.

„Fährst du mit zum Fluß?“ fragt sie mich, als sie sich hinters Steuer setzt.

Natürlich fahre ich mit. Die Zweige ragen weit über die Pritsche hinaus. Wieder rumpeln wir über die Schlaglöcher im Schotterweg hinunter ins Flußtal. Auf einer kleinen Brücke halten wir an. Sie überspannt einen Bach unmittelbar vor dessen Mündung in den Fluß. Wir steigen aus und beugen uns über das Geländer. Rechts und links am Ufer entlang wuchert Schilf. Blätter, die auf dem Bach angeschwommen kommen, beginnen zu kreisen, als sie ein paar Meter von uns entfernt den breiten Fluß erreichen, und schaukeln dann flußabwärts davon.

Wir laden ab. Einen Ast nach dem anderen werfen wir über das Geländer hinunter.

„Warum verbrennt ihr das nicht?“ frage ich. „Das Holz ist doch dürr!“

„Was Kultzwecken gedient hat, darf nicht verbrannt werden.“

Ich sehe den Zweigen nach, die gemächlich aus dem Bach herausschwimmen, in die Strömung des Flusses einschwenken und dann aus unserem Gesichtsfeld verschwinden. Irgendwo am Ufer werden sie hängenbleiben oder 30 km weiter flußabwärts ins Meer hineintreiben, auf jeden Fall aber allmählich verfaulen.

Regine schüttelt die Säcke über dem Wasser aus. Die vielen Blätter, die wir für die Zeremonie zupften, auch die Canelo-Zweige, die die Leute beim Umwandern des Rehue schwenkten und mit denen sie sich schmückten, flattern hinunter und treiben davon. Auch die Knochen wirft sie hinunter. Danach leert sie den Müllsack. Die blutigen Innereien des geschlachteten Pferdes klatschen ins Wasser.

„Die Fische werden sich freuen“, meint sie.

Der Darm bleibt im Schilf hängen. Mir vorzustellen, einen Fisch zu essen, der sich von diesem Darm ernährt hat, fällt mir schwer. Ich wende mich ab.

Als wir heimkommen, ist Mittagszeit. In aller Eile richtet Regine das Essen, denn der Bus, den der Vater der Patientin nehmen wollte, fährt um 13 h von Carahue ab. Seine Route führt südwärts bis zum Städtchen Teodoro Schmitt, in dessen Nähe der Mann zu Hause ist. Verpaßt er den Bus, kann er mit einem späteren Bus nur Puerto Dominguez am Ufer des Budi-Sees erreichen. Von dort müßte er noch stundenlang nach Hause wandern.

Victor hat an diesem Nachmittag eine Sitzung in Temuco. Er bietet sich an, den Mann bis nach Carahue mitzunehmen. Kurzerhand entschließt sich auch die Argentinierin, diese Gelegenheit, nach Carahue zu kommen, zu nutzen. Denn von dort gehen auch Busse nach Temuco ab. In aller Eile wird gegessen, gepackt, Abschied genommen. Mit zitternden Fingern zahlt der Vater der Patientin den Heiltrank. Regine wirft im letzten Augenblick noch den vollen Müllsack auf die Pritsche. Wir winken der Camioneta nach.

Victor will bis zum Nachmittag des nächsten Tages in Temuco bleiben. Wir sind also auf einmal allein, Regine, ihre Kinder und ich. Endlich können wir nach Herzenslust miteinander plaudern. Wir setzen uns erst mal eine Weile unter den Pfirsichbaum hinter dem Haus. Und schon ist die Katze da, springt auf meine Bank und reibt sich an mir. Dabei miaut sie ausdauernd.

„Sie sieht aus, als bekäme sie bald Junge“, sage ich.

Regine macht ein skeptisches Gesicht: „Eigentlich dürfte sie noch nicht so weit sein. Sie ist noch zu jung dafür.“

„Das soll vorkommen“, antworte ich.

Regine zeigt mir ihren Garten, dessen Zaun gleich hinter dem Badehäuschen beginnt. Hier reihen sich Rosen neben Rosen, prächtige Stauden in voller Blüte. Mir fällt auf, daß es die gleiche Sorte ist, die auch an der ganzen hinteren Schmalseite des Hauses entlang blüht, gegenüber vom Badehäuschen. Selten sind mir so große Blüten begegnet. Ich stelle mir vor, daß sie betörend duften. Leider kann ich nicht nachprüfen, ob meine Vermutung stimmt. Mich wundert nur, daß diese ganze Pracht rosafarben ist.

„Ist Rosa deine Lieblingsfarbe?“ frage ich sie vorsichtig.

Sie schüttelt energisch den Kopf: „Ganz und gar nicht! Ich kam zu diesen Rosen, ohne zu wissen, in welcher Farbe sie blühen.“

„Stand das nicht auf der Verpackung oder auf dem Label?“ frage ich verwundert.

Sie lacht schallend: „Ich habe sie nicht gekauft.“ Sie erzählt mir, daß sie einmal im Herbst, als sie durch Temuco fuhr, an einer Rosenhecke vorbeikam, die gerade gestutzt wurde. Am Boden lagen Haufen abgeschnittener Zweige. Sie hielt an, stieg aus, hob die längsten von ihnen auf und warf sie auf die Pritsche. Daheim pflanzte sie die Zweige ein. Die meisten von ihnen bekamen Wurzeln und schlugen im nächsten Frühjahr aus.

„Ich hoffte so sehr, daß es rote Rosen seien“, meint Regine achselzuckend. „Aber als sich die ersten Knospen bildeten, waren sie rosa. Das war’s dann.“

Nun, da ich weiß, wie Regine zu diesen Rosen kam, finde ich sie auch in Rosa bezaubernd.

Sie öffnet die Tür des Gartenzaunes, der aus hölzernen Pfählen und Maschendraht besteht. So handwerklich begabt, wie ich Regine inzwischen kenne, hat sie diesen Zaun wahrscheinlich selbst aufgestellt. Er schützt den Garten vor Eindringlingen und dient als Wäschetrockner. Immer, wenn ich an den vergangenen Tagen am Zaun entlang zum Plumpsklo hinüberwanderte, hing dort Wäsche aufgereiht. So, wie wir von hier den farbigen Mapuche-Friedhof auf dem gegenüberliegenden Hang liegen sehen, kann man von dort sicher den Anblick von Regines Buntwäsche genießen.

Ein Rundblick genügt: Der Garten, etwa 50 – 60 Meter im Quadrat, ist über und über verunkrautet. Das wundert mich nicht. Regine hat so viel Arbeit um die Ohren! Im Gegenteil – ich freue mich. Hier bietet sich mir reichlich Gelegenheit, mich nützlich zu machen!

Sie zeigt mir ihren Stolz: die Blumenecke. Die erinnert mich an einen deutschen Bauerngarten. Aber hier wächst alles viel höher und üppiger als im deutschen Klima. Die Stockmalven ragen wie junge Bäume empor! Ich entdecke Kugeldisteln und Klatschmohn und lerne Blumen kennen, die „Mittagsgold“ heißen oder einen so schnuckeligen Namen wie „Schmuckkörbchen“ tragen. Regines ganzer Stolz sind die Nachtkerzen, stattliche Sträucher, deren große gelbe Blüten sich abends öffnen, weil sie von Nachtfaltern bestäubt werden. Diese Ecke ist ein Farbenmeer.

Die junge Katze ist uns gefolgt, sie schnurrt uns um die Beine. Wir wandern an den Erbsen-, Bohnen- und Erdbeerbeeten entlang, die sich in leichten Stufen den Hang hinaufziehen. Auch Artischocken und Zwiebeln, Blattspinat, Kohl und Salat entdecke ich. Und in der hintersten Ecke einen Komposthaufen. Am Zaun ranken Himbeeren. Mitten im Garten steht eine Vogelscheuche: ein Längsstab mit einem Querstab, von dem eine Kette spiegelnder, Lichtreflexe werfender CD-Scheiben herabhängt, die sich unablässig drehen. Ich amüsiere mich über diesen originellen Einfall.

Wir machen uns über ein Beet her, auf dem Gewürzkräuter wachsen: auf der einen Hälfte Thymian, auf der anderen Oregano. Regine holt Messer, Schnur und Schere aus dem Haus. Die zum größten Teil schon braunen und dürren Kräuterstauden werden knapp über dem Boden abgeschnitten und zu Bündeln gebunden, jeweils eines an die beiden Enden einer etwa 50 cm langen Schnur. Zwei Bündel sind also immer mit einem Bindfaden verbunden. Eine Arbeit, die sich hinzieht. Geradezu penetrant versucht sich die Katze anzubiedern, während wir uns über das Gewürzbeet beugen. Regine scheucht sie mehrmals weg, aber sie kommt immer wieder, schmust, schnurrt und miaut.

Regine beginnt zu erzählen. Sie berichtet von daheim, von ihrer Kindheit, spricht liebevoll von ihren Eltern, die sich bemühten, ihre Kinder auf einen guten Weg zu bringen, ihnen dabei aber die nötige Freiheit ließen, sich zu entfalten und den Weg zu wählen, der ihnen lag. Eine Schwester und ein Bruder sind älter als Regine. Ihr folgte dann noch eine Schwester. Drittes Kind in einer Geschwisterreihe zu sein, ist oft nicht leicht. Ein bekanntes Thema für Pädagogen und Psychologen.

Sie sei von klein auf anders als die anderen gewesen, sei immer ihren eigenen Weg gegangen – nicht um zu provozieren, sondern weil sie diesen Weg eben als für sich richtig empfunden habe. Ihre drei Geschwister seien Gymnasiasten gewesen. Sie habe sich auf der Realschule wohler gefühlt, sei dort richtig aufgeblüht, Schulsprecherin geworden, habe Hauptrollen in der Theater-Arbeitsgemeinschaft übernommen. Schon als Kind habe sie davon geträumt, Krankenschwester zu werden und ins Ausland zu gehen. Und sie habe sich gern mit Tieren und Pflanzen beschäftigt. Als sie sich später entschloß, nach Chile zu gehen, hätten ihre Eltern nicht versucht, sie davon abzuhalten.

Deshalb hängt sie wohl so sehr an ihnen. Sie haben sie schon mehrmals besucht und greifen ihr immer wieder finanziell unter die Arme. Ihr Vater entwarf den Plan für das Wohnhaus, ihre Mutter und ihre Geschwister schicken Päckchen. Auch Victor nahmen sie ohne größere Vorbehalte an. Schon dreimal ist er in Deutschland gewesen. Und Regines und Victors Kinder werden von ihren Großeltern in Nürtingen genauso geliebt wie die Enkel in Deutschland.

Ich nicke: Mit solchen Eltern im Rücken kann man schon einiges wagen!

„Nur einmal", sagt Regine, „habe ich meine Mutter nicht verstanden. Als ich sie aus Temuco anrief, um ihr zu sagen, daß ich schwanger bin. Ihre erste Reaktion: Sie machte sich Sorgen um meine Lage, meine Zukunft. Ich aber hatte von ihr mehr Freude über das Kind erwartet ..."

Ich denke mich in Regines Mutter hinein und kann sie verstehen. Sie hat ein Leben voller Erfahrungen hinter sich. Die hat sie ihrer Tochter voraus und denkt in diesem Augenblick weiter. Mit wachsendem Alter fällt es einem immer schwerer, alle Erfahrungen auszublenden und sich spontan, ohne Wenn und Aber, am Gegenwärtigen zu freuen. Ein junger Mensch reagiert viel spontaner.

Ein ruhiger Nachmittag, richtig erholsam. Die Katze miaut uns nach, als wir die sechsundzwanzig Kräuterbündelpärchen in den Geräteschuppen auf der anderen Seite des Hauses tragen, um sie dort über eine waagerechte Latte zum Trocknen aufzuhängen. Unter dem flachschrägen, dünnen Dach sammelt sich die Wärme. Hier wird sich der letzte Saft der Kräuter schnell verflüchtigen.

„Riechst du wirklich nichts?" fragt Regine ungläubig.

Dieser Frage entnehme ich, daß der Geruch der Gewürze in diesem Raum betäubend sein muß! Ich hole tief Atem, ziehe Luft durch die Nase ein. Nichts.

„Sobald wir vom Meer zurückkommen“, kündigt sie an, „muß Victor in dieser Sache was tun.“

Ja, am kommenden Tag, dem letzten Tag im Jahr 2002, wollen wir uns mit Don Juan und seiner Großfamilie treffen und gemeinsam mit ihnen zum Strand fahren. Dort am Rand des pazifischen Ozeans werden wir den Silvesterabend, die Nacht und den Neujahrstag gemeinsam verleben. Ich freue mich schon darauf.

Ich räume noch den Haufen der Zweige und Äste, von denen wir die Blätter abzupften, vom Rand des Festplatzes zum Waldrand hinunter, quer durch die Wiese. Auch sie dienten ja der Zeremonie und dürfen deshalb nicht verbrannt werden. Erst schleife ich sie hinter mir her, dann versuche ich mein Glück mit der Schubkarre. Diese Transportart erweist sich als effektiver. Allerdings muß ich aufpassen, mit meinen nackten Waden nicht in Brombeerranken hängenzubleiben, die zwischen dem Gras am Boden entlangkriechen.

Der Brunnen gibt noch immer kein Wasser her. Regine muß mehrmals den Wassereimer leer hinunterlassen und voll heraufleiern, um genug Wasser für einen bescheidenen Abendverbrauch zu haben. Dann kümmert sie sich um die Schweine und Hühner – und um das Abendessen, während ich mit Ayen zum ich-weiß-nicht-wievielten Mal Mikado spiele. Er trickst mit Wonne.

„Hast du irgend einen Wunsch?“ fragt mich Regine.

Ja, heute habe ich einen: Ich möchte gern die neuesten Nachrichten sehen oder hören. Denn seit meiner Abreise aus Deutschland – das ist jetzt fast eine Woche her – habe ich nichts mehr über die politischen Vorgänge in der Welt erfahren. Wie hat sich die Irak-Krise weiterentwickelt? Ist ein Krieg noch zu vermeiden? Diese Frage brennt mir unter den Nägeln.

„Wenn’s weiter nichts ist, was du dir wünschst ...“, meint Regine.

Und so schiebt sie nach dem Abendessen einen Fernseher, von dessen Existenz ich bisher noch nichts wußte, aus irgend einer Ecke und schaltet ihn ein. Die Kinder und wir beide setzen uns im Halbkreis davor. Ein chilenischer Sender bringt Nachrichten: Vier Tote auf den Hängen des Fitzroy, einem Dreitausender in Patagonien! Studenten einer Universität in der Hauptstadt. Ein Jahr lang, erfahren wir, habe sich die Gruppe von sieben jungen Leuten, sechs Männern und einer Frau, auf diese wissenschaftliche Expedition vorbereitet. Beim Aufstieg überraschte sie ein Wetterumschlag. Vier von ihnen erfroren. Die restlichen drei Teilnehmer seien noch nicht gefunden worden.

Diese traurige Meldung beansprucht fast die Hälfte der Nachrichtenzeit. Danach werden Kommentare zum ersten geklonten Baby abgegeben. Schließlich sehen wir einen Minister, der mit einer Schere ein Band durchschneidet, um die neue Umgehungsstraße Temucos einzuweihen. Über die politische Großwetterlage erfahren wir so gut wie nichts.

Silvestermorgen! Wieder trage ich meinen blauen Nachttopf durch die Margariten, allerdings unter trübem Himmel. Aus tiefsinnigen Gedanken zum immer schnelleren Ablauf des Lebens im allgemeinen und zum letzten Tag des Jahres im besonderen reißt mich die zunehmende Nässe meines Mantelsaumes. Warum, zum Teufel, bin ich in meinem besten Mantel hierhergereist? Leichtsinnigerweise habe ich geglaubt, statt eines Morgenmantels könne auch der Mantel dienen. Warum habe ich nicht die Eventualität einer nassen Wiese einkalkuliert? Nun werde ich ihn auch am Strand tragen, in ihm im Sand sitzen, vielleicht sogar in ihm schlafen müssen – !

Der Brunnen gibt noch immer kein Wasser her. Eine Wäsche aus der Schüssel muß die kalte Dusche ersetzen. Bis zum Frühstück schreibe ich einige Karten. Meine Leute in Deutschland warten sicher schon auf Nachricht. Ich bin während der ersten Tage bei der Fülle neuer Eindrücke gar nicht dazu gekommen, an sie zu denken.

Beim Frühstück erzähle ich Regine von meinem Plan, heute in Carahue einiges zu erledigen. Ich will die Karten auf die

Post bringen, nach Martins Hut Ausschau halten und mir außerdem das Städtchen etwas genauer ansehen. Regine versucht Victor in Temuco telefonisch zu erreichen. Erst nach mehrmaligen erfolglosen Versuchen – zwischendurch wäscht sie Wäsche mit der Hand – gelingt es ihr. Sie berichtet ihm, was ich vorhabe, und fragt ihn, wann er durch Carahue komme und wo er mich dort abholen wolle. Die Antwort lautet: um drei Uhr vor der Post!

Sie ruft ein Taxi für mich. Eine Viertelstunde später ist es da. Eine Frau sitzt am Steuer. Die Fahrt ist erstaunlich billig, wenn man bedenkt, was der Zustand des Weges dem Wagen abfordert. Ich lasse mich vor der Post absetzen. Der Schalterbeamte stellt die für Europa nötigen Marken mit feierlicher Langsamkeit zusammen und informiert mich, daß er die Post, die noch an diesem Tag abgehen solle, bis um halb eins haben müsse. Man feiere ja Silvester, da sei das Postamt nachmittags geschlossen.

Ich schreibe noch schnell zwei zusätzliche Karten. Es gibt nur eine Art Wandpult. Ich schreibe im Stehen. Da rollt der Schalterbeamte doch tatsächlich einen Sessel aus dem Hintergrund heraus und schiebt ihn mir unter! Wahrscheinlich ist es sein eigener. Um sich einen ähnlichen Dienst am Nächsten in einem deutschen Postamt vorzustellen, bedarf es einer lebhaften Phantasie!

Nachdem ich dem Mann alle Karten – beschrieben und mit Marken beklebt – übergeben habe, schlendere ich durch die Geschäftsstraßen. Hier reiht sich Laden an Laden, und auf den schmalen Bürgersteigen drängt sich Landvolk mit Körben, Beuteln, Taschen, in der Mehrzahl Mapuche. Allerdings ist es oft schwierig zu erkennen, ob es sich um Mapuche oder Chilenen handelt, denn die meisten Chilenen sind Mestizen, haben also spanische und indianische Vorfahren. Schwarzes Haar und dunkle Augen sind das Merkmal beider Rassen. Nur in der Statur, der Kopfform und dem Gesichtsschnitt unterscheiden sie sich. Und eigentlich auch in der Hautfarbe. Aber ein sonnengebräunter Chilene kann eine dunklere Haut haben als ein Mapuche, der seine Hütte nicht oft verläßt.

Wieder staune ich über den großen Prozentsatz an Kindern. Die meisten begleiten ihre Eltern beim Einkauf in der Stadt. Ihre Wohlerzogenheit fällt mir auf.

Camionetas beherrschen das Straßenbild. Hin und wieder tauchen Ochsenkarren auf, auch Reiter mit breitkrempigen Hüten. Ach ja, Martins Hut. Ich schaue nach Läden aus, die Herrenhüte anbieten, finde aber keine. Regine hatte recht gehabt: Männerhüte in Carahue? Glückssache. Auf keinen Fall eine größere Auswahl.

Ich esse in einem Schnellimbiß Kartoffelchips und Salat für sechshundert Pesos, etwa neunzig Cent. Danach überquere ich die sehr gepflegte Plaza mit den obligatorischen Palmen, den mächtigen Lindenbäumen und den Diagonalwegen, die sich in der Mitte der Anlage kreuzen. Im Zentrum einer vorzeigbaren südamerikanischen Plaza hat ein Denkmal zu stehen. Auch die Plaza von Carahue hat ein Denkmal. Ich habe nur vergessen, wen es darstellt. Vermutlich Pedro de Valdivia, einen spanischen Konquistadoren, der von Cuzco aus in den Süden vordrang und als der Eroberer Chiles gilt. Er gründete nicht nur die spätere Hauptstadt Santiago, sondern auch die Hafenstädte Valparaiso und Valdivia und lenkte seine Karavelle in die Mündung des Rio Imperial, der schiffbar war. 30 km flußaufwärts hielt er einen Hügel als strategisch geeignet für einen befestigten Stützpunkt, von dem aus es ihm möglich sein würde, sowohl per Schiff an die Küste zu gelangen als auch über Land vorzustoßen. Dort, wo jetzt Carahue liegt, gründete er also 1552 einen Ort und nannte ihn Imperial, denn er gedachte ihn später zur Hauptstadt seines Reiches zu machen.

Imperial entwickelte sich bald zu einem wichtigen Zentrum, ja zur blühendsten Stadt der Konquistadoren in Chile, wurde zum ersten Bischofssitz in diesem Land, verfügte über Mühlen und Kornspeicher. Aber die Mapuche erhoben sich gegen Pedro de Valdivia, besiegten sein Heer, eroberten die Festung von Imperial, nahmen den Feldherren gefangen und erschlugen ihn. Ort samt Festung wurden zerstört. Die Überlebenden flüchteten flußaufwärts und gründeten 1599 knappe 30 km weiter landeinwärts, abermals am Nordufer desselben Flusses, den Ort Nueva Imperial, auf deutsch Neu-Imperial.

Das alte Imperial, unter dem sich noch die Reste zweier Festungstunnel befinden sollen, blieb jedoch nicht tot. Menschen fanden sich, die sich in den Trümmern niederließen und den Ort erneut zum Blühen brachten. Nur nannten sie ihn jetzt Carahue. Das heißt: Ort, der war.

Ja, diese kleine Stadt hat eine alte Geschichte, deren sie sich nicht zu schämen braucht. Eine Hauptstadt wurde sie allerdings nie. Nur ein bescheidenes Zentrum für die umliegenden Mapuche-Reduktionen.

Als ich einer der Straßen folge, sehe ich mich auf einmal dem Eckhaus mit dem Namen EL ARAUCANITO gegenüber, dem Secondhand-Laden. Mir fällt mein tägliches Morgenproblem ein. Ich denke auch an den Strand, an dem wir die kommende Nacht verbringen werden. Kurzentschlossen betrete ich den Laden, suche die Reihen mehr oder minder abgetragener Kleidungsstücke durch und finde einen noch fast neuen Damen-Trenchcoat, der mir einigermaßen paßt. Preis: Dreitausendfünfhundert Pesos, also etwa fünf Euro. Doppelreiher mag ich zwar nicht, Achselklappen hasse ich, und die Farbe dieses Mantels ist ein Senfgelb, das mich an Katzenscheiße erinnert. Aber ihn kann ich risikolos jeden Morgen mit Tau benässen, kann mich mit ihm im Sand wälzen. Um nicht auf den weißen Schafwollpullover angewiesen zu sein, kaufe ich noch eine schwarze, leichte, warm gefütterte Jacke aus echter Seide, made in China, für zweitausendfünfhundert Pesos. Jetzt bin ich für die Silvesternacht gut gerüstet. Pünktlich um drei stehe ich mit meinem Beutel vor der Post. Eine halbe Stunde später erscheint Victor. Kurz vor vier kommen wir daheim an.

## 10

Regine hat schon alles gepackt, die Kinder stehen bereit. Victor zieht sich um, wirft das Gepäck auf die Ladefläche und ruft etwas zum anderen Haus hinüber. In einer Sonntagsbluse tritt Abuela Juana mit einer Tasche aus der Tür. In aller Eile packe auch ich meinen Kram zusammen, ziehe die schwarze Seidenjacke an, werfe mir den Katzenscheißemantel über den Arm, und schon fahren wir ab, eine Staubwolke hinter uns herziehend. Ich bekomme wieder den Beifahrersitz, um eine gute Sicht zu haben. Der Himmel hat sich im Lauf des Tages aufgehellt.

Wir nehmen eine Schotterstraße quer durch die Hügel südwestwärts, durch Mapuche-Land. Diese schmale Straße hat zwar kaum Schlaglöcher, führt aber steil bergauf und ebenso steil bergab und kurvt um Hänge. Mir macht das nichts aus. Aber Juana? Ich drehe mich nach ihr um. Sie scheint sich pudelwohl zu fühlen.

Wir durchqueren eine merkwürdig lebhafte, abwechslungsreiche Landschaft, grün und ursprünglich, mit nur kleinen Feldern und wild gewachsenen Wäldchen. Wenn wir ab und zu an Eukalyptus- und Pinien-Monokulturen vorbeikommen, ist klar: Das ist kein Mapuche-Land! Regine zeigt hierhin und dorthin und macht auf Sehenswertes aufmerksam. Blumen und Büsche säumen den Weg. Selten kommt uns ein Wagen entgegen, und nur ab und zu entdecken wir irgendwo im Grünen eine Gruppe von Dächern. Dörfern begegnen wir nicht. Nachdem wir die Schotterstraße erreicht haben, die von Puerto Saavedra nach Puerto Dominguez am Budi-See und von dort in südlicher Richtung nach Toltén führt, geben die Hügel ab und zu den Blick frei auf Fjorde des großen Salzwassersees. Manche sind von Sumpfpflanzen oder Schilf durchwuchert. Ich erinnere mich plötzlich, daß ich diese Straße bereits im Jahr 1994 mit meinem Sohn befuhr. Damals hielten wir mehrmals an, um die so seltenen Schwarzhalsschwäne zu bestaunen, die hier durch das Wasser ziehen. Auch jetzt bekommen wir sie zu sehen.

Auf der Weiterfahrt breitet sich östlich der Straße wieder die so friedliche, fast paradiesische Hügellandschaft aus. Damals, auf der Fahrt mit meinem Sohn, hatte mich irgendwo auf diesem Weg ein spontanes Gefühl des Hingezogenseins zu ihr übermannt, das mich ausrufen ließ: „Hier möchte ich begraben sein!"

Wir erreichen den kleinen, unscheinbaren Ort Puerto Dominguez über eine Brücke, die einen Arm des Sees überspannt. Dann geht es 16 km weiter, wieder quer durch die Hügel, der Küste noch näher. Ab und zu erhaschen wir einen Blick auf Strand und Meer. Mit meinem Sohn saß ich damals auf einer Düne und schaute auf den Horizont des Pazifiks hinaus. Hier ist der Sand dunkelgrau bis schwarz. Ein seltsamer Anblick.

Don Juan erwartet uns schon mit zweien seiner Söhne am Eingang seines Anwesens. Seine Frau Adela kommt uns entgegengelaufen, als wir aussteigen, und umarmt Regine stürmisch. Die stellt mir Adela als „meine Mapuche-Adoptivmutter" vor. Sie ist rundlich wie die meisten älteren Mapuche-Frauen, aber voller Energie. Auch mich begrüßt sie sehr herzlich. Es gibt eine Kette von Wange-an-Wange-Begrüßungen.

Natürlich werden wir sofort ins Haus gebeten. Mir fallen ein Spinnrad und ein Webstuhl mit einem halbfertigen Schafwollteppich ins Auge. Die einzelnen Mitglieder der Großfamilie und die übrigen Personen, die anwesend sind, werden mir in einer so atemberaubenden Geschwindigkeit vorgestellt, daß ich mir keinen einzigen Namen merken kann. Juan Rain hat eine große Familie: mehrere Söhne und Töchter, die dazugehörigen Schwiegersöhne und Schwiegertöchter und eine ganze Schar von Enkeln. Ein Teil seiner Nachkommenschaft wohnt mit im Haus.

Natürlich wird zuerst einmal Kaffee getrunken. Auch ein Nachbar sitzt dabei. Er hat ein langes, schmales Gesicht, brünettes Haar und hellere Augen, als die meisten Mapuche sie haben. Offensichtlich weiß er, daß er mit seinem Aussehen

Aufmerksamkeit erregt. Jedenfalls erfahre ich von ihm, daß sein Großvater ein holländischer Seemann gewesen sei, dessen Schiff hier an der Küste strandete. Das Wrack könne man noch liegen sehen. Dieser Holländer sei dann hier geblieben und habe – so sein Enkel wörtlich – „seinen Samen in der ganzen Gegend ausgestreut ..."

Adela, die Hausfrau, lädt mich zu einem Spaziergang durch das Anwesen ein. Sie hat wohl von Regina mein Alter erfahren. Jedenfalls erkundigt sie sich zartfühlend, ob ich mich auf einen Stock stützen wolle. Sie könne mir einen leihen. Ich danke lachend: Soweit sei es mit mir noch nicht gekommen.

Die Rains sind eine der wenigen wohlhabenderen Mapuche-Familien in der Gegend. Sie besitzen ein hölzernes Haupthaus in der Größe eines bescheidenen deutschen Einfamilienhauses der fünfziger Jahre, in dem sich unter einem Spitzdach noch ein oder zwei Räume im Oberstock befinden. Zu diesem Anwesen gehören mehrere Nebengebäude und eine sehr geräumige Ruca, in die Victors Ruca mindestens zweimal hineinpassen würde. Dort werden jetzt in der Asche eines offenen Feuers auf dem Lehmboden große Fladen gebacken: Proviant für den Ausflug an den Strand. Hinter der Ruca sind ein paar Männer damit beschäftigt, ein Schwein zu schlachten.

Der Hofplatz ist grün überwuchert. Mir fällt manches Unkraut ins Auge, das auch in Europa wuchert: wilde Kamille, Feldstiefmütterchen, Spitz- und Breitwegerich, Löwenzahn in Zwergformat, Brennesseln. Wuchsen diese Pflanzen von Anfang an hier oder wurden sie – wie auch immer – importiert?

Auch Schweinestall und Garten und das Badehäuschen im angrenzenden Wald muß ich besichtigen. Das noch ein paar Schritte dahinterliegende Doppelklo bekomme ich auf eigenen Wunsch zu sehen: zwei Kammern mit je einem Sitz, ohne Türen. Aber wer sich nähert, hat nicht die beiden Öffnungen vor sich, sondern die Seitenwand. Er kann sich der Person, die vielleicht gerade in einem der Kämmerchen sitzt, durch Räuspern ankündigen, womit dieser Gelegenheit gegeben wird, sich bemerkbar zu machen. Vermutlich hat ein Mann nichts dagegen, wenn sich nebenan gleichzeitig ein Mann niederläßt. Ebenso werden sich zwei Frauen nebeneinander arrangieren.

In das Haupthaus ist ein winziger Laden integriert , in dem hauptsächlich Lebensmittel, aber auch Notwendigkeiten des alltäglichen Lebens verkauft werden: Stifte, Hefte, Kurzwaren, Streichhölzer und dergleichen. An der Wand hängt ein Schild, das nicht übersehen werden kann, mit der Aufschrift: NO FIO. NO INSISTEN, POR FAVOR! Auf deutsch etwa, dem Sinn nach, knallhart: „Ich gebe nichts auf Pump heraus. Bitte betteln Sie nicht darum!“

Dieser Hinweis spricht Bände. Er könnte auf Herzlosigkeit der Ladenbesitzer schließen lassen. Aber die Rains sind herzensgute Menschen, das erfahre ich selber immer wieder, und auch Regine würde sie nicht so schätzen, wenn ihnen das Elend mancher Kunden gleichgültig wäre. Aber wahrscheinlich könnten sie sich ohne dieses Prinzip gar nicht retten vor „Problemkunden“, die nie ihre Schulden abtragen würden.

Zurück in der Wohnküche, helfe ich mit, Erbsen und Saubohnen zu pellen und sehe dabei einer der Schwiegertöchter zu, die eine riesige viereckige Silvestertorte konstruiert und verziert. Inzwischen werden draußen schon die Anhänger zweier Traktoren mit Pfählen und Planen, Tischen, Fellen, Brennholz, Geschirr, einem großen Kessel, Proviant und Getränken, Kleidung und Bettzeug beladen. Bald thront die ganze Großfamilie auf Traktoren und Anhängern, Lifko mitten zwischen ihnen. Kaum sind auch wir wieder in unserer Camioneta, bricht der Konvoy auf. Wir fahren mit einem von Don Juans Söhnen voraus, der uns den Weg zeigt.

Nach einer Kurve in einem Hohlweg sehen wir plötzlich vor uns eine Camioneta liegen, mit den Rädern nach oben. Victor bremst, hält an, steigt aus. Ein Stück davon entfernt kauern ein paar Burschen um einen blutenden jungen Mann.

Victor kann sich davon überzeugen, daß er nur leicht verletzt ist. Und daß alle über den Durst getrunken haben. Der Krankenwagen sei schon unterwegs, erfährt er.

Zum Glück liegt der Wagen so, daß wir – und auch die beiden Traktoren mit den Anhängern – noch knapp daran vorbeikommen.

Nun sehen wir schon linkerhand hinunter auf die weite Fläche, die vor dem Strand liegt, sehen dahinter das Meer. Die Sonne neigt sich dem Horizont zu. Nach ein paar weiteren Kilometern biegen wir ab und fahren auf Wagenspuren durch das von binsenüberwucherten Feuchtstellen durchsetzte, flache Dünenvorland und über eine Senke auf einen Dünenkamm. Kaum halten wir an, springt Ayen davon, hin zu den anderen Kindern.

Die Sonne geht hinter dem Meer unter, es beginnt zu dämmern. Victor und Regine bauen in aller Eile ihr großes Zelt auf. Diese Arbeit müssen sie schon oft gemeinsam getan haben, denn sie zeigen sich dabei gut aufeinander eingespielt. Ich mache mich mit dem Gedanken vertraut, mit allen in diesem Zelt zu schlafen, dicht an dicht wie Sardinen. Aber schon steht auch ein kleines Zelt für mich allein zwischen dem großen Zelt und dem Wagen. Abuela Juana soll im Wagen schlafen. Der Rücksitz ist gerade lang genug für sie.

Regine hat an alles gedacht – auch an eine Iso-Matte und einen Schlafsack für mich. Den Schlafsack werde ich in der Nacht brauchen können, denn es bläst ein starker, kühler Wind vom Meer. Ich freue mich auch über die warme Seidenjacke, unter der ich noch meine Strickjacke trage. Merkwürdig: Ich hatte die chilenischen Sommer viel wärmer in Erinnerung. Betrog mich mein Gedächtnis – oder ist dieser Sommer ein extrem kühler, eine Ausnahme?

Don Juans Familie hat sich inzwischen im Windschatten einer hohen Düne niedergelassen. Und schon werkeln die Frauen eifrig unter der Regie von Don Juans Frau, bauen die Männer

Wohnhaus und Ruca

Kochecke im Haus

Regine beim Brotbacken

Regine, Victor und die Kinder

Wohnhaus und Ruca

Ruca und Patientenhäuschen

Machi Victor und Machi Fermin

Lifko (vorn) beim Vogeltanz

Lifko und Ayen

Gudrun Pausewang und Don Juan

Ayen mit Großmutter

Straße in Puerto Natales

Die Autorin im Hotel Concepto Indigo

Ganz rechts: Gudrun Pausewang unter Zuschauern beim Palín-Spiel

Palín-Spieler

zwei große Unterstände aus den Pfosten und Plastikplanen auf: einen für die Kochstelle, einen für die Schlafstätten. Bald brennt ein offenes Feuer, schaukelt der Kessel darüber, brutzelt Fleisch an Spießen, steht ein langer Tisch unter der Plane mit Tellern, Gläsern, Tassen und Besteck. Salat wird zubereitet, Fladen werden aufgeschnitten, eine Schüssel mit gekochten Saubohnen macht die Runde. Regine trägt das Essen, das sie mitgebracht hat, hinunter auf den Tisch. Hier wird gemeinsam gegessen und getrunken. Die alten Leute, darunter auch Abuela Juana, sitzen unter der Plane hinter dem Tisch. Sie dürfen sich ausruhen und die Szene beobachten. Dem Alter nach gehöre auch ich dort hin. Aber mich treibt Neugier um. Von dem, was hier vorgeht, will ich so viel wie möglich mitbekommen.

In der Dämmerung stapfe ich durch den dunklen Sand zum Meer. Hier sinkt das Land ganz flach in den Ozean ab, gibt der Brandung keinen Anlaß, sich aufzubäumen. Sie schäumt heran, rollt auf dem Strand aus und zieht sich zurück. Ein paar Aststücke und Fischgerippe liegen im Sand herum, einige wenige Allerweltsmuscheln, hier und dort Spuren vertrockneten Tangs.

Ich lege den Kopf in den Nacken. Über mir beginnen die Sterne zu glitzern. Ich mache mir bewußt, an welch vergessenem Ort des Planeten Erde ich mich befinde.

Regine ruft mich, winkt mir von der Düne zu: Das Abendessen ist fertig. Zwei Feuer erleuchten die Szene spärlich. Ich habe meine Taschenlampe bei mir und suche mir nun einen Platz auf einer improvisierten Bank in der Nähe des wärmenden Feuers. Es gibt Kartoffeln, Salat und Fleisch. Wir sitzen, plaudern und essen, die Kinder toben im Dunkeln über die Dünen und rollen sich die Sandhänge herab, bis sie aufgeregt zum Weg hinüberzeigen: Jemand gibt von dort Lichtzeichen. Das sind Verwandte von Don Juan. Sie werden schon erwartet. Ihr Wagen wird – ebenfalls mit Lichtzeichen – über den festen Weg zu uns gelotst. Wieder Begrüßung, Umarmungen, Gelächter, bis die Nächsten kommen. Insgesamt müssen sich nun etwa dreißig Leute in den Dünen versammelt haben, Mapuche alle – außer Regine und mir.

Rotwein kreist. Was für eine Herzlichkeit in diesem Kreis, welche Fürsorglichkeit! Immer wieder erkundigt sich jemand nach meinem Befinden. Von manchen werde ich für eine Verwandte von Regine gehalten, für ihre Mutter oder eine Tante. Ich erzähle, wie ich dazu kam, Regine zu besuchen. Und ich höre zu, wenn andere erzählen. Juana sitzt still in der Runde und lauscht. Sie gehört einfach mit dazu, ohne je die Aufmerksamkeit auf sich zu lenken.

Es wird kühler. Ich ziehe mir auch noch den neuerstandenen Mantel über. Regine wundert sich, weil sie ihn bisher noch nie an mir sah. Ich erkläre ihr lachend, wie ich zu ihm kam. Sie versichert mir, daß mir dieses Senfbraun stehe und ihr die Farbe sehr gefalle. Ich spreche von Katzenscheiße. Zum ersten Mal vertreten wir ganz unterschiedliche Meinungen, die in Gelächter untergehen.

Mütter betten ihre jüngsten Kinder unter die Plane, die den Wind abhält. Auch Ayen findet sich bei Regine ein und kuschelt sich auf ihren Schoß. Sie bringt ihn ins Zelt. Lifko dagegen denkt noch nicht daran, ins Bett zu gehen!

Um Mitternacht fällt man sich in die Arme und wünscht einander ein gutes neues Jahr. Die Stimmung steigt, Rotweinflaschen kreisen, die Runde wird immer lauter und heiterer. Aber eine Stunde nach Mitternacht fallen Regine und mir die Augen zu. Wir verlassen den lärmenden Kreis, kriechen in unsere Zelte und wünschen einander eine gute Nacht. Ich ziehe nur den Mantel aus und wühle mich mit allen Kleidern in den Schlafsack, denn der Wind ist kühl und zerrt an meinem Zelt.

Bald knirschen schwere Schritte im Sand. Victor flüstert nebenan. Auf der anderen Seite meines Zeltes geht die Tür der Camioneta leise auf und zu. Aha, auch Juana geht nun „zu Bett“. Nun bin ich richtig eingerahmt: ein gutes Gefühl für eine Nacht in einer Landschaft mit so fernen Horizonten. Daß die Fläche, auf der ich liege, etwas abschüssig ist und daß mich neue Flöhe besiedeln, hindert mich nicht daran, sofort einzuschlafen.

Als ich gegen Morgen einmal hinaus muß, sehe ich unten in der Senke immer noch das Feuer schimmern, halb verdeckt von einigen Gestalten, höre Gelächter und Gesänge. Die Camioneta gibt mir Deckung.

Um halb acht krieche ich auf allen vieren ins Freie. Jetzt sitzt niemand mehr am Feuer, nur ein paar Kinderstimmen zirpen irgendwo in der Senke. Waschen? Zähneputzen? Ich stapfe hinunter zum Strand, wo ich mir an einem Salzwassertümpel wenigstens das Gesicht wasche. (Später gibt mir Regine aus ihrem mitgebrachten Vorrat Wasser zum Zähneputzen. Sie denkt an alles!) Es ist zwar kein sonniger, aber ein windstiller Morgen. Ein diesiger Himmel hängt über dem Meer. Ich denke an meinen Sohn daheim, an meine Freunde, spüre das Bedürfnis, an diesem ersten Morgen des Jahres für eine Weile allein zu sein. Nach Norden zu waten ein paar Kinder in die Brandung. Also wandere ich über den Strand, den die Nässe gehärtet hat, in südlicher Richtung.

Eine *carrete,* ein zweirädriger Karren, kommt mir entgegen, gezogen von zwei Ochsen unter dem Joch. Auf dem Karren hockt ein junger Mapuche. Wie es scheint, sammelt er den eßbaren Tang, den *cochayuyo*, den das Meer während der Nacht an Land gespült hat. Ich grüße, er grüßt verwundert zurück: eine alte Frau so einsam am Strand?

Ich wandere weiter, bis ich vor mir in der Ferne etwas Graubraunes auf der Erde liegen sehe. Große Vögel kreisen darüber und schweben herab. Als ich näher komme, erkenne ich, daß es Aasgeier sind. Also muß das, was da am vertrockneten Schaumstreifen der äußersten Brandungswelle auf dem Sand liegt, etwas Totes sein. Erst kurz bevor ich es erreiche, wird mir klar, was es ist: ein Seelöwe. Ich scheuche die Aasgeier weg und sehe mir das noch junge Tier genauer an. Es wurde wohl während der Nacht an Land geschwemmt. Am

Kopf klebt Blut. Ich weiß, daß Seelöwen in Chile streng geschützt sind. Dieses Tier wurde gewaltsam getötet, wahrscheinlich durch einen Schuß.

Ich wandere noch ein Stück weiter, insgesamt vielleicht zwei Kilometer, in der vagen Hoffnung, vielleicht das Wrack des Holländers zu sichten, der hier ringsum vor einem halben Jahrhundert zahlreiche Mädchen schwängerte.

Meine Mapuche-Gesellschaft frühstückt schon, als ich wieder bei unserem Lager ankomme. Jemand gießt mir Kaffee ein, jemand reicht mir Fleisch, von der anderen Seite kommt ein kleiner Fladen von Hand zu Hand zu mir gewandert. Beiläufig erzähle ich von dem toten Seelöwen. Sofort wendet sich mir die Aufmerksamkeit der Männer zu: ein Seelöwe? Kurze Zeit später sind sie schon unterwegs: drei oder vier Männer, darunter auch Victor, und eine Kinderschar. Ich folge ihnen. Die Aasgeier erheben sich und segeln davon. Jemand erzählt mir, daß das Fell der Seelöwen besonders reißfest und deshalb teuer sei. Es werde bevorzugt zur Herstellung von Lassos verwendet. Aber wie kriegt man das Tier zum Lager?

Zwei junge Leute versuchen es gemeinsam zu schleppen. Aber schon nach ein paar Metern lassen sie es lachend fallen. Es ist zu schwer. Einer der Söhne Don Juans joggt zurück und holt den Traktor, der dann den Kadaver bis in die Nähe des Lagers schleift, wo ihm einige Männer unter Victors Leitung das Fell abziehen. Das gehäutete Tier schaffen sie ein Stück abseits zwischen die Binsenfelder und lassen es dort liegen. Bald beobachten wir, wie sich um dieses tote Fleisch erneut Aasgeier sammeln. Diesmal vertreibt sie niemand. Die Haut des Seelöwen entdecke ich später auf der Ladefläche unserer Camioneta.

Inzwischen ist Don Juan mit dem zweiten Traktor heimgefahren, hat seine Hühner und Schweine aus dem Stall gelassen und gefüttert und ein Schaf mitgebracht. Das wird ebenfalls noch geschlachtet. Den ganzen Tag wird gegessen und getrunken. Das Speiseangebot wiederholt sich: gekochtes und gebratenes Fleisch, Kartoffeln, Erbsen- und Tomatensalat mit Zwiebeln, dazu Wasser oder Rotwein. Zwischendurch werden Saubohnen gereicht, wird *chicha* (Most) ausgeschenkt. Es gibt vielerlei Chicha. Diesen Neujahrsmost haben die Rains aus Äpfeln gepreßt. Bald zeigt er bei denen Wirkung, die ihm eifriger zusprechen.

Die Männer unterhalten sich, die Frauen kümmern sich abwechselnd um das Essen und die Kinder. Im Lauf des Vormittags stößt noch ein Auto mit Verwandten der Rain-Familie zu uns: ein Paar mit einem etwa zweijährigen Töchterchen. Bald sitzen auch sie in lässiger Sommerkleidung mit uns im Sand. Selten habe ich einen jungen Mann stundenlang so kindlich-hingegeben mit einem Kleinkind spielen sehen.

Der Strand, der sich dort über viele Kilometer hinzieht, ist sehr breit und der Streifen dahinter unbewohnt. Hier kann man ungestört feiern, ohne andere zu stören. Deshalb finden sich im Lauf des Tages nördlich und südlich von uns noch andere Strandgenießer ein. Auch Carreten und Reiter, Radfahrer und Wanderer ziehen dann und wann auf dem nassen Sand vorbei. Aber man kommt sich nicht ins Gehege. Hier ist Platz für alle.

Die Sonne steigt immer höher, der Himmel ist klar. Es wird warm. Ich setze mich auf einen angetriebenen Baumstamm am Strand und schreibe in mein Tagebuch. Aber es gibt so viel zu sehen. Ich packe das Heft weg, lasse mich auf dem Hügelhang nieder und sehe den Kindern zu, die in Badehosen in die Wellen hineinlaufen und sich gegenseitig bespritzen. Auch ein paar junge Frauen und Männer aus Don Juans Clan wagen sich ins Meerwasser, das sehr kalt ist. Regine und ihre Kinder sind dabei. Ich erinnere mich, daß die Mapuche das Meer erst um Erlaubnis fragen, bevor sie in die Wellen hineinwaten. Das heißt, sie respektieren es als einen Teil der Natur. Eine Geste der Ehrfurcht, die auch uns Weißen gut anstünde!

Regine stürzt sich in die Brandung, taucht unter der Welle durch, scheint dieses Spiel zu genießen. Victor schaut zu, watet schließlich doch ein Stück ins Wasser, taucht aber nicht ganz unter, wäscht sich nur und spielt mit den Kindern.

„Komm doch auch ins Wasser!“ ruft mir Regine zu.

Aber ich kann mich nicht zu diesem Tapferkeitsakt aufraffen. Wäre das Strandwasser wärmer ... warum nicht? Ich habe einen Badeanzug mitgebracht. Aber in dieses Eiswasser? Nein. So weit haben mich die morgendlichen Kaltwasserduschen noch nicht abgehärtet.

Ich werde müde und lasse mich zwischen die Gräser auf dem Dünenhang zurückfallen. Die chilenische Sonne ist gefährlich. Als ich nach einer halben Stunde Mittagsschlaf aufwache, habe ich den schönsten Sonnenbrand auf Stirn und Nase. Für den Rest des Tages beschatte ich mein Gesicht mit weit vorgezogenem Kopftuch, das ich unter dem Kinn verknote, gleiche also den ostböhmischen Bäuerinnen aus meiner Kindheit.

Am Nachmittag wird die riesige, viereckige Torte angeschnitten und verteilt. Ein aus der getrockneten Schale eines kleinen, runden Kürbisses hergestelltes Gefäß wird herumgereicht, in dem sich aufgebrühter Mate-Tee befindet. Aus ihm ragt ein am unteren Ende siebartiges, silbernes Röhrchen, *bombilla* genannt. Jeder im Kreis saugt zwei, drei Male daran, bevor er das Gefäß weitergibt. Ist die Flüssigkeit aus den Teeblättern herausgesaugt, wird kochendes Wasser nachgefüllt. Diese Art, den Mate-Tee zu trinken, überrascht mich nicht. Auch in der breiten chilenischen Bevölkerung nimmt man ihn auf diese Weise zu sich. Den Brauch kenne ich noch aus meinen Temucaner Jahren. Widerwillen gegen den Speichel dessen, der vor mir getrunken hat, kommt nicht auf. Er ist ja mein Freund. Eine matetrinkende Runde ist immer eine Runde von Freunden.

Gegen Abend brechen wir auf. Alle verabschieden sich voneinander mit Wangenküssen und Umarmungen. Ich bedanke mich bei Don Juan und seiner Frau Adela, und er beteuert, daß ich ihm und seiner Familie immer willkommen sei. Das ist mehr als nur eine Höflichkeitsformel.

„Also am übernächsten Samstag sehen wir uns wieder!" ruft er uns nach.

Regine informiert mich: Am zweiten Tag nach unserer Rückkehr aus Punta Arenas werden sich unsere und seine Comunidad freundschaftlich zu einem Palín-Spiel treffen – neben seinem Anwesen, auf dem Gelände der Schule.

Victor wählt diesmal eine andere Route, die aber auch wieder durch wunderschöne Hügellandschaft führt. Wir kommen an einigen Landschulen vorbei, auch an einer, die von Franziskanern betrieben wird. Sie stehen einsam im Grünen, aber von allen Seiten führen Pfade zu ihnen. In der Ferne sehen wir zwischen den Hügelkuppen den Wasserturm von Carahue aufragen. Davor liegen die Hänge von Quillem Alto. Zum ersten Mal sehe ich Victors und Regines Anwesen von oben. Regine reckt sich vor und verstummt. Ich spüre, wie sehr sie diesen Anblick ihrer jetzigen Heimat genießt.

Juana dagegen sieht so gut wie nichts. Sie ist zu klein, um über die Schultern anderer zu schauen. Aber ich glaube, sie empfindet wenig, als wir uns Quillem Alto nähern. Für sie ist diese Heimat selbstverständlich.

Ein wunderbarer Rutsch ins Neue Jahr! Nie werde ich den südchilenischen Sternenhimmel, das Rauschen des Pazifiks in der Neujahrsnacht vergessen – und die Herzlichkeit dieser einfachen Menschen.

## 11

Auch ich fühle mich hier schon zu Hause. Kaum in meinem Zimmer, lasse ich mich auf das Bett fallen. Sand rieselt. Überall habe ich Sand an und in mir: in den Haaren, den Kleidern, im Mund, unter den Nägeln, in den Schuhen. Wenn ich über die Holzdielen schreite, knirscht es unter meinen Sohlen.

Auf dem Dach höre ich es poltern: Victor und Regine spannen dort oben das Seelöwenfell zum Trocknen aus, unerreichbar für die Hunde. Wasser plätschert, als sie sich die Hände waschen. Zum Glück hat sich in unserer Abwesenheit wieder Wasser im Brunnen gesammelt. Bald rumpelt die Waschmaschine.

Noch zwei Tage bis zu unserem Flug nach Punta Arenas! Sie werden schnell vergehen.

Am Morgen nach der Heimkehr vom Strand wandere ich zum ersten Mal in meinem Katzenscheißemantel zum Klohäuschen. Dieses billig erstandene Stück scheint sich zu bewähren. Es knittert nicht, hält den Wind gut ab und trocknet schnell. Unter der Dusche spüle ich mir den Sand von der Haut, wasche ich meine Haare mit Shampoo, aber kaltem Wasser, und weiche meine Wäsche ein, Weiß- und Buntwäsche im selben Eimer. Als ich sie etwas später waschen will, merke ich, daß meine neue schwarze Bluse – extra für die Chile-Reise gekauft – färbt. Alle übrige Wäsche ist verfleckt! Zum Glück weiß Regine Rat: Sie schüttet ein paar Tropfen Chlor in den Eimer. Nach einer Stunde sind die meisten Flecken verschwunden. Ich atme auf, wasche alle Stücke mit der Hand durch und hänge sie an den Gartenzaun, wo auch Regines Wäsche bereits hängt. Die bunte Reihe vor der Blumenpracht – was für eine Farbkomposition!

Ich putze die Schuhe und säubere mein Bett, das nach dieser Nacht ganz voll Sand ist. Zum Glück sieht man ihn gut. Er ist ja schwarz.

„Heute werde ich mit Victor wegen deiner Nase reden“, meint Regine.

Victor muß an diesem Mittwochnachmittag zu einer Besprechung nach Chol Chol in seine Schule fahren. Er fragt mich, ob ich Lust habe, mir das Institut anzusehen, in dem er, wenn keine Ferien sind, einen Tag pro Woche unterrichtet. Natürlich habe ich Lust! Über diese Schule habe ich ja schon allerlei von Regine erfahren.

Wir fahren über Carahue, wo Victor anhält und wieder mal einen vollen Müllsack in eine öffentliche Mülltonne stopft.

Dann geht es weiter bis Nueva Imperial. Dort biegen wir nach Norden ab. Auch hier kommen wir durch Indianerland, aber die Landschaft ist fast flach, also längst nicht so reizvoll wie um Carahue. Vielleicht würde sie auf mich nicht so enttäuschend wirken, wenn mir die Route von Quillem Alto bis zu Don Juans Anwesen nicht bekannt wäre.

Das Schulgebäude, vor dem wir halten, fällt aus dem architektonischen Rahmen des Ortes heraus. Es verrät einen finanzkräftigen Besitzer: drei Stockwerke mit je vier Klassenräumen, deren großzügige Fensterflächen jeweils in einem Halbrund aus der Front herausgebogen sind. Auch ein Internat gehört dazu. Viele Schüler kommen ja von weither, sind irgendwo auf dem Land zu Hause. Siebzig Prozent der Schüler – fünfzehn bis zwanzig Jahre alt, mehr Mädchen als Jungen – sind Mapuche.

Diese Einrichtung entspricht etwa einer deutschen Gewerbeschule. Sie gehört zwar der katholischen Kirche, aber ihr pädagogisches Anliegen ist interkulturell orientiert. Während dieses Besuchs wird mir bewußt, wie sehr sich das Programm der Kirche seit den fünfziger Jahren geändert hat. Damals bestand offensichtlich das Ziel der Franziskanerinnen und ihrer männlichen Kollegen im Araukanerland darin, den Mapuche ihre „heidnischen" Gebräuche abzugewöhnen und sie zu braven, unterwürfigen Christen zu erziehen. Davon hatte ich mich in Alepúe, einer Missionsstation dreier Franziskanerinnen in der Küstenkordillere südlich des Flusses Toltén, persönlich überzeugen können. Aber damals durchschaute ich die Methoden der Missionierung noch nicht.

Victor geht mit mir ins Lehrerzimmer. Auf seine Bitte hin führt mich eine seiner Kolleginnen durch das ferienleere Haus, zeigt mir die Klassen- und Arbeitsräume, erklärt mir die Lernziele. Vor allem geht es in dieser Schule darum, den jungen Mapuche die Kultur und das Wissen ihres Volkes nahezubringen und ihnen das Rüstzeug für Berufe mitzugeben, die sie auch daheim im Mapuche-Land ausüben können. Ein pädagogisches Ziel, mit dem sich Victor identifizieren kann.

Zurück im Lehrerzimmer, werfe ich noch einen Blick auf die Lehrerbücherei. Sie ist nicht schlecht bestückt. Ich plaudere mit zwei Lehrerinnen. Es scheint im Kollegium bekannt zu sein, daß Victor mit einer Deutschen zusammenlebt. Denn die eine der beiden fragt mich: „Ach, Sie sind also Victors Frau?"

Ich brauche nicht lange zu warten, bis Victor aus der Besprechung kommt. Er dreht mit mir noch eine Runde durch die kleine Stadt, in der sich eine ganze Anzahl von Schulen und Internaten befindet. Ich erhasche auch einen Blick auf eine Art Freilichtmuseum mit vier Rucas. Angeblich fährt man Touristen, die sich für das Mapuche-Volk interessieren, hierher nach Chol Chol und zeigt ihnen in den Rucas einen Webstuhl, vielleicht auch Silberschmuck und einen geschnitzten Teigtrog, statt ihnen die Begegnung mit Mapuche in ihrem lebendigen Ambiente zu ermöglichen.

Auf dem Heimweg hält Victor in Carahue und kauft Obst. Oft, wenn er von irgendwoher heimkehrt, bringt er irgend eine Leckerei für Regine und die Kinder mit. Zum Beispiel Kirschen. Oder eine Melone. Oder Nüsse. Während er im Laden ist, nähert sich mir ein etwas verwegen wirkender Typ, der vorher an einer Hauswand lehnte, und verlangt von mir eine Zigarette aus Victors Zigarettenpackung, die auf dem Armaturenbrett liegt. Wie reagiert man da? Ich reiche ihm eine, da ich Victor als großzügig kenne. Als wir weiterfahren, erzähle ich ihm den Vorfall. Er nickt nur.

Regine arbeitet im Garten, als wir heimkommen. Ich helfe ihr. Wieder umstreicht uns die Katze mit lautem Miau und reibt sich an unseren Beinen. Ich scheuche sie weg. Ihre Gier nach Zuwendung überfordert meinen guten Willen. Gegen Abend treiben wir die Schweine, die vom Tagesausflug zurückgekehrt sind, in ihren Stall. Auch die drei von Miguel sind dabei. Im vergangenen Winter sollte er einen eigenen Stall für seine Schweine bauen. Aber nichts geschah. Er liege nur den ganzen Tag herum, erfahre ich von Regine. Wenn Victor und Regine gleichzeitig verreisen wollen, müssen sie Pancho Lopez bitten, sich um die Tiere zu kümmern. Miguel, Mitte zwanzig, gut gewachsen und gesund, ist dazu zu träge.

Als wir vom Schweinestall zurückkehren, treibt Victor seine Kühe – sind es vier oder fünf? – hangabwärts an uns vorbei. Er hat sie den ganzen Tag auf einer Koppel weiden lassen, auf der sich keine Wasserstelle befindet. Nun führt er sie hinunter zum Bach, um sie zu tränken. Juchzend laufen Lifko und Ayen mit.

Nach dem Abendessen schauen wir uns wieder mal die Nachrichten an. Wir erfahren viele Einzelheiten über die Begräbnisse der Expeditionsopfer, aber über den Irak-Konflikt fast nichts.

Victor läßt sich von mir schildern, wie ich zum Verlust meines Geruchssinns kam. Er weist mich an, meinen Morgenurin in einem Glas auf eine Stufe des Rehue zu stellen. Er werde dann den Urin beschauen. Regine reicht mir ein Glas.

Victor erwartet noch die Ankunft eines argentinischen Patienten und schaut sich bis dahin einen Film an. Regine geht schon zu Bett. Sie mag diese Art von Filmen nicht, die das chilenische Fernsehprogramm anbietet.

Freitag, dritter Tag des Jahres 2003. Flohstiche jucken. Auf dem Weg zum Klo mache ich einen Schlenker am Rehue vorbei, auf dessen unterster Stufe ich mein halbvolles Uringlas abstelle. Das hölzerne Gesicht des Kultpfahles starrt gleichgültig über mich hinweg. Nun ja, was kann ich mehr erwarten? Von irgendwoher tönt lautes Geschnarch. Ich wundere mich: Wer schläft da? Bis mir der argentinische Patient einfällt. Am Frühstückstisch lerne ich den Besuch kennen: eine Frau, drei Männer. Viehzüchter. Mapuche. Der älteste von ihnen, ein Sechzigjähriger, ist der Patient. Er ist nicht irgendwer, sondern Lonco seiner Comunidad. Sein Sohn begleitet ihn. Inzwischen weiß ich: Die Mapuche-Tradition verlangt, daß ein Familienmitglied den Kranken zum Machi begleitet und diesem anstelle des Kranken dessen Leiden schildert.

Der dritte Mann und dessen Frau haben die beiden in ihrem Wagen hergefahren. Spät abends, etwa eine Stunde vor Mitternacht, kamen sie an. Ich muß so tief geschlafen haben, daß mich weder das Hundegebell noch die sicher nicht leise Begrüßung geweckt haben. Victor empfing die Argentinier und brachte sie im Patientenhäuschen unter. Er lernte den Lonco 1992 in der Mapuche-Organisation kennen, besuchte ihn schon mehrmals in dessen Comunidad und hat dort viele Patienten. Auf einer dieser Reisen hat ihn Regine begleitet.

Zum Frühstück glotzt mich ein gekochter Schweinekopf auf einem großen Teller an. An seinen Anblick muß ich mich erst gewöhnen. Blieb er noch von der großen Zeremonie übrig? Jeder säbelt sich ein Stück davon ab. Es entwickelt sich ein lebhaftes Gespräch über die politische Großwetterlage. Wir Frauen sprechen, die Männer widmen sich mehr dem Schweinekopf. Ich höre bald heraus, daß die US-Amerikaner diesseits wie jenseits der Anden nicht sehr beliebt sind. Sogar hier, fast am Ende der Welt.

Victor muß in seiner Eigenschaft als Mitglied des Magistrats nach Temuco fahren. Zwischen Tür und Angel läßt er mich wissen, daß er meinen Urin beschaut habe und mir bei nächster Gelegenheit das Resultat mitteilen werde. Und schon ist er weg, zusammen mit dem Sohn des Lonco, der von Carahue einen Bus nach Temuco nehmen will, um wieder heimzureisen. Kurz nach den beiden fährt auch das argentinische Paar ab. Sie wollen sich einen Tag Urlaub an der Pazifikküste leisten, in Puerto Saavedra. Zurück bleibt der Lonco. Einsam steht er zwischen den Häusern herum. Regine verwickelt ihn immer wieder in Gespräche und zeigt ihm dies und das, um ihm das Gefühl der Verlorenheit zu nehmen. Aber auch sie hat allerlei zu tun, und so muß sie ihn zwischendurch sich selbst überlassen.

Ich habe mir für diesen Tag Gartenarbeit vorgenommen, will ein paar Beete jäten. Ein Behälter nach dem anderen füllt sich mit Unkraut. Der Tag wird zunehmend wärmer. Mein Schweiß vermischt sich mit dem Gartenstaub. Da ich keine

Strümpfe trage, sind meine Füße bald grau. An meinen Händen klebt so viel Schmutz, daß ich Hemmungen habe, mein sauberes Taschentuch zu benutzen. Der Lonco sieht mich, als ich mich abmühe, einen vollen Unkrauteimer über den hohen Gartenzaun zu heben, um ihn in die Wildnis, die dahinter wuchert, auszukippen. Da kommt er angetrabt, hilft mir und bleibt nun im Garten, um mir auch weitere volle Behälter abzunehmen. Diese Arbeitsteilung erweist sich für ihn wie mich von Vorteil. Ich brauche mich nicht mehr als Gewichtheberin zu strapazieren, er wird jetzt gebraucht. Natürlich nutze ich die Gelegenheit, von ihm allerlei über seine Lebensverhältnisse und die der argentinischen Mapuche zu erfahren.

Er ist ein stiller, nachdenklicher Mann, längst nicht so lebhaft und kontaktfreudig wie Don Juan. Ich kann mir denken, daß er als Lonco bei Streitfällen in seiner Comunidad sehr besonnene Urteile fällt. Seit dem Tod seiner Frau scheint er sich nicht mehr wohl zu fühlen. Welche Krankheiten ihn bewogen, den weiten Weg bis zu Victor auf sich zu nehmen, erfahre ich nicht.

Er und die meisten der Mapuche in Südargentinien züchten Fleischrinder. Die Lage der argentinischen Mapuche ähnelt der der chilenischen: Viele junge Leute ziehen in die Stadt und sind für die Pflege der Traditionen und Kultur ihres Volkes verloren. Und der argentinische Staat verhält sich gegenüber Forderungen seiner Mapuche auf Eigenständigkeit und Selbstbestimmung sehr zögerlich.

Regine kommt mit dem Fotoapparat gelaufen, will von mir und ihm ein Foto machen.

Ich protestiere: „Ich bin ja ganz schmutzig!“

Sie antwortet entrüstet: „Es ist doch nur Erde!“

Und schon werden wir geknipst.

Die Hunde schlagen an. Inzwischen kann ich schon Herzogs Stimme von denen seiner Gefährten unterscheiden. Es ist die Imkerin, der Regine ihre bisherigen Imkerkenntnisse verdankt. Ihr Mann hat sie zu uns heraufgefahren, denn Regine braucht Rat. Von Imkerhauben geschützt, sehen sie sich gemeinsam die einzelnen Stöcke neben dem Klohäuschen an. Zwei von Regines vier Bienenvölkern sind nur sehr klein. Unter der Regie der erfahrenen Imkerin wird nun die Königin des einen kleinen Volkes getötet. Danach muß Regine dessen Stock auf den des anderen kleinen Volkes setzen. Nur ein Blatt Zeitungspapier soll vorerst beide Völker voneinander trennen. Das königinnenlose Volk wird – laut Imkerin – nach ein paar Tagen Löcher durch das Zeitungspapier bohren und mit dem anderen Volk zusammenwachsen.

Ich verstehe nichts von Imkerei. Ich staune nur.

Regine übergibt der Imkerin das Waben-Entdeckelungsmesser, das mir Mutter Rehm zugeschickt hat. Die Freude ist groß. Wir sitzen noch eine Weile unter dem Pfirsichbaum und plaudern. Die junge, struppige Katze zeigt sich wieder einmal ungemein aufdringlich. Kaum jage ich sie von der Bank, ist sie schon wieder oben und schmiegt sich miauend an mich. Ich kann sie nicht einmal beim Namen nennen. Sie hat keinen. Uns erscheint sie viel dünner als an den vorangegangenen Tagen. Hat sie am Ende doch Junge geworfen? Wenn ja, wohin? Ich mache mich auf die Suche. Aber auf Victors Anwesen gibt es tausend Orte für eine Katze, die ein Versteck für ihre Niederkunft sucht. Es ist hoffnungslos. Und auf einmal ist die Namenlose auch nicht mehr auf Zärtlichkeiten aus. Gleichgültigkeit demonstrierend, verschwindet sie in der Margaritenwiese. Ein Fall für die Katzenpsychiatrie.

Wir begleiten die Imkerin und ihren Mann bis zu ihrem Wagen.

Am Nachmittag geschieht etwas für mich Überraschendes: Regine läßt alle ihre Arbeit liegen und bastelt mit Lifko einen „Solarflieger“. Das Material dazu hat ihre jüngere Schwester zu Weihnachten geschickt. In kindlichem Eifer beugen sie sich über das Modell, studieren die Anleitung, schneiden aus und kleben. Ayen und ich schauen fasziniert zu, bis das kleine Gebilde funktioniert. Welch Freude! Selbst der Lonco beäugt es interessiert. Und auch Juana, die wie so oft mal für ein paar Minuten hereinschaut, bekommt von Lifko das Wunderding dicht vors Gesicht gehalten. Ich rechne Regine hoch an, daß sie Prioritäten setzen kann, also auch ab und zu ein paar Stunden spielerischer Beschäftigung mit ihren Kindern mehr Wichtigkeit beimißt als all der gewiß notwendigen Hausfrauenarbeit, die so gut wie immer auf sie wartet.

Als wir mit dem Lonco beim Abendessen sitzen, kommt Victor heim. Er bringt eine Tüte voll wunderbarer schwarzer Süßkirschen mit – und einen Beutel mit Muscheln.

Die Kinder machen sich über die Kirschen her. Regine, Victor und der Lonco entscheiden sich für die Muscheln. Ich schlage mich auf die Seite der Kinder.

Zärtlich drückt Victor seine Söhne, als sie ihm gute Nacht wünschen.

Später, als die Kinder schon im Bett sind, spricht er mit mir über das, was er aus meinem Urin gelesen hat. Und er sagt, was meinen Geruchsinn betreffe, werde er versuchen, ihn wiederzubeleben, könne mir aber keinen Erfolg garantieren. Er werde mir die Behandlung rechtzeitig ankündigen.

Am Morgen unseres Abreisetages erwache ich von einem dumpfen Getrommel, das aus der Richtung des Rehue kommt. Schlaftrunken stelle ich die Zeit fest: 6 h. Das kann nur Victor sein. Ich erinnere mich, daß mir Regine diese Art von morgendlichem Weckdienst schon ankündigte. Victor trommelt als Machi für seinen Patienten, den Lonco, bittet die Mächte, dem Kranken zu helfen, die Krankheit aus ihm zu bannen. Eine halbe Stunde zieht sich diese Geräuschzeremonie hin.

Zum Frühstück taucht wieder das argentinische Paar auf, das spät am Abend von der Küste zurückgekehrt ist. Es sei ja in Puerto Saavedra sooo schön gewesen! Aber nun wolle man heimreisen, das Geld werde knapp.

Ich packe meinen Kram zusammen, den ich nach Punta Arenas mitnehmen will. Mein geräumiges Bordcase und die

Handtasche müssen genügen. Mit mehr Gepäck will ich mich für vier Tage nicht belasten. Ich weiß nicht, wann Regine Zeit findet zu packen. Denn dieser Vormittag ist wie verhext: Unvorhergesehen stattet der Mapuche-Anthropologe, den ich schon von der Cambio de Canelo-Zeremonie her kenne, Victor einen Besuch ab. Seine Frau, eine blondierte Nordamerikanerin, und seine zwei halbwüchsigen Söhne begleiten ihn. Aus ihrem Kofferraum heben sie Schüsseln mit fertigem Salat und reichliche Fleischmengen für Spießbraten. Regine muß nur Salzkartoffeln beisteuern. Wir erfahren, daß dem älteren Sohn – er ist in New York geboren und besitzt sowohl die chilenische wie auch die amerikanische Nationalität – nur noch ein Tag bis zur Vollendung seines 17. Lebensjahres fehlt und daß er ab Beginn des neuen Schuljahres in den Staaten studieren werde.

Victor zelebriert einen Bittgesang, der sich auf die Gesundung des Lonco bezieht, während Regine und die Amerikanerin das Mittagessen vorbereiten. Kurz vor dem gemeinsamen Mahl kommen noch zwei Freunde von Victor an, wahrscheinlich auch Mitarbeiter aus dem Büro der Mapuche-Organisation. Vierzehn Leute sitzen um den Tisch, und Regine hat alle Hände voll zu tun mit dem Auftragen und Abräumen.

„Und wer sieht nach den Kindern, während du weg bist?" frage ich sie.

Sie erzählt: Als sie die Abuela fragte, ob sie an den Tagen, an denen Victor nicht da sein würde, die Versorgung der Kinder übernähme, habe die nur mit den Schultern gezuckt, was soviel wie „Weiß nicht" bedeute. Ich kann gut verstehen, daß Regine, die jedem hilft, der Hilfe braucht, über eine solche Reaktion in Zorn gerät. Nun hat Claudia zugesagt, sich in Victors Abwesenheit um Ayen und Lifko zu kümmern. Auf sie sei Verlaß.

Nach dem Essen bricht das argentinische Paar auf. Obwohl unser Flug erst am Abend geht, entschließt sich Regine spontan, diese Gelegenheit, nach Temuco zu kommen, beim Schopf zu packen, denn wir haben beide vor, dort noch einiges zu erledigen. Wir überlassen also das Geschirrwaschen und was sonst noch zu tun ist, denen, die zurückbleiben, und verabschieden uns von der Runde. Victor nimmt's gelassen.

„Wann kommt denn dein Mädchen?“ ruft ihm einer der Freunde zu.

„Was für ein Mädchen?“ fragt Regine verwundert.

Eine Lachsalve dröhnt. Ja, Regine ist an derbe Witze gewöhnt. Aber sie vertraut Victor. Ich glaube, so wie die beiden zueinander stehen, kann sie sich auf ihn verlassen – und er sich auf sie. Übrigens muß er während Regines Abwesenheit zwei Tage lang in Santiago sein, um an einer Konferenz mit Regierungspolitikern teilzunehmen.

Ayen weint nicht, als seine Mutter in den Wagen steigt. Claudias jüngere Geschwister sind da, die jüngsten in Lifkos und Ayens Alter. Anlaß für die Brüder, mit ihnen davonzutoben, noch bevor wir abgefahren sind. Auch Regine nimmt den Abschied locker. Sie freut sich ja so sehr auf diese Reise in den Süden. Sie reist in langen Jeans und einer Wanderjacke, ich in meinem senfgelben Secondhand-Shop-Mantel. Die schwarze Seidenjacke habe ich im Gepäck. Mag es dort unten stürmen! Ich bin darauf vorbereitet.

## 12

Kaum im Zentrum Temucos angekommen, steigen wir aus, und Regine erklärt dem Argentinier, der am Steuer sitzt, wie er in Richtung Osten die Stadt verlassen muß.

Sobald die Camioneta um die nächste Ecke verschwunden ist, mache ich mich auf die Suche nach einem Wechselbüro, um die nötigen Pesos für die Patagonienreise einzuwechseln, während Regine in einem Telefon-Zentrum ihre Familie in Deutschland anruft. Anschließend durchwandern wir die große städtische Markthalle und suchen in der Abteilung der kleinen Souvenir- und Kleiderstände nach einem Hut für meinen Sohn.

Denn hier gibt es zwischen Ponchos, Lassos, Stiefeln und Gürteln auch typisch chilenische Hüte mit breiter Krempe. Ich habe noch das Zentimetermaß in der Tasche, das mir Regine für die Suche in Carahue mitgab. Das von ihm gewünschte Maß weiß ich auswendig: 62 – 63 cm innere Weite.

Ich stoße überall, wo ich frage, auf Verwunderung: 62 – 63 cm? Die größte Weite, die man mir anbieten kann, sind 59 cm. Wir verlassen die Markthalle und fragen uns zu normalen Hutläden durch.

Ich merke, daß Temuco in den Jahren, seit ich das letzte Mal hier gewesen bin, einen großstädtischen Charakter angenommen hat. Die Namen der Hauptstraßen sind noch dieselben. Aber wie haben sich die Straßen verändert! Wie sehr ist die Silhouette der Stadt in die Höhe geschossen!

Auch in den Hutläden erhalten wir keine andere Auskunft. Zwei Läden können uns je einen Hut von 60 cm innerer Weite anbieten. Das ist aber auch schon eine Übergröße, selten gefragt. Ein Verkäufer erkundigt sich vorsichtig, ob da nicht ein Irrtum vorliege. In einem anderen Geschäft empfiehlt man mir, ihren weitesten Hut zu probieren, denn ich sei doch die Mutter. Mir paßt er. Aber mein Sohn hat mir extra ans Herz gelegt, ich solle keinen engeren Hut mitbringen. Und ich kann mich erinnern, daß er damals, vor über acht Jahren auf unserer Chile-Reise, auch lange suchen mußte, bis er in einem Souvenirlädchen in Angelmó bei Puerto Montt fündig wurde.

„Er hat doch nicht etwa einen Wasserkopf?“ neckt mich Regine.

Auch sie kauft noch dies und das ein. In einem Internetcafé schaut sie nach, ob Martin mir über ihre Email-Adresse eine Nachricht gesandt hat. Ja, sie ist da. Auch ich sende ihm ein paar Zeilen mit Grüßen. Dann beginnen die Rolläden zu rattern: Es ist ja Samstag. Da schließen die Läden nicht erst bei Dämmerung. In einem Taxi fahren wir zum Flughafen.

Wir bekommen zwei Plätze nebeneinander und fliegen pünktlich ab: kurz vor 20 h. Der Flug nach Punta Arenas dauert – mit kurzer Zwischenlandung in Puerto Montt – drei Stunden. Regine entdeckt unter den Mitpassagieren einige „Mountain-Climber“, Rucksacktouristen, abenteuerliche Gestalten, die uns amüsieren. (Wir wahrscheinlich auch sie!) Wir fliegen entlang der patagonischen Anden, sehen das Fitzroy-Massiv unter uns liegen, auf dem in den letzten Dezembertagen die sieben Studenten erfroren. Je weiter südlich wir kommen, um so mehr Gletscher erspähen wir. Im letzten Sonnenlicht schimmern die Paine-Türme, als wir einen Blick auf sie erhaschen.

Zu unserer Überraschung beginnt es gerade erst zu dämmern, als wir zur Landung auf dem Flugplatz von Punta Arenas ansetzen. Natürlich, es ist ja Sommer in Chile, und wir sind hier relativ nahe an der Antarktis. Die Nächte sind sehr kurz.

In vorgerückter Dämmerung fahren wir in einem Bus an der Küste der Magallanstraße entlang bis in die Stadt, in der wir in einem Hotel Unterkunft finden, das mehr einer Jugendherberge ähnelt. Auch ein paar der jungen Typen, die schon während des Fluges ihre Coolness zur Schau stellten und sich offensichtlich unwiderstehlich finden, sind hier untergekommen. Für uns haben sie großen Unterhaltungswert. Wir schlafen in einem Zimmer, das eher einem Wandschrank ähnelt. Vor allem hat es nur ein Mini-Fenster, das sich nicht öffnen läßt. Zu Regines Vergnügen habe ich für uns ein Zimmer verlangt und auch bekommen, das nahe bei der Toilette liegt, um nachts nicht gezwungen zu sein, durch lange, unbekannte Gänge zu schlurfen. Nun müssen wir die ganze Nacht den Lärm der Spülung über uns ergehen lassen.

Am nächsten Morgen genießen wir ein kurzes, heißes Duschbad im Badezimmer, das allen Gästen gemeinsam zusteht. Nachdem wir uns Bus-Tickets nach Puerto Natales für die Mittagszeit besorgt haben, schlendern wir durch die Stadt und steuern den großen städtischen Friedhof an, den ich seit dem Jahr 1957 in Erinnerung behielt. Weiß der Teufel, warum ich mir 45 Jahre lang eingebildet habe, hier einem Grab begegnet zu sein, in dem – laut Inschrift auf dem Grabstein – nur ein Bein lag. Jetzt ist jedenfalls davon nichts mehr zu finden. Aber auch Grabmale, die einer kompletten Schiffsbesatzung gelten, wirken anrührend und beflügeln die Phantasie. Jedenfalls gehören die Toten, die auf diesem Friedhof ihre letzte Ruhe gefunden haben, vielen unterschiedlichen Nationen an. An den Namen erkennen wir, daß in Punta Arenas und Umgebung besonders viele Briten und Jugoslawen gelebt haben müssen.

Der Kitsch auf den Gräbern ist uns eine Augenweide, vor allem der Weihnachtsschmuck und die Nikoläuse in allen Material- und Farbvarianten. Von manchen Gräbern, meistens frischen, tönt zarte, kaum hörbare Musik: Regine entdeckt Weihnachtsgrußkarten mit Spieluhrtechnik, hineingeschoben in Sträuße echter oder Plastik-Blumen. Dieses Gezirp hält so lange an, bis die winzige Batterie abgelaufen ist. Aber wie auch immer es um den Geschmack der Trauernden stehen mag: Diese hilflosen Grabgeschenke verraten intensive Gefühle der Zuneigung.

Regine schaut in den Himmel. „Irgendwie ist das Licht hier anders“, meint sie.

Ja, das ist mir auch schon aufgefallen. Es blendet mehr. Oder ist das nur Einbildung?

Auf dem Rückweg in die Stadt versäumen wir nicht, uns auf der Hauptplaza noch das berühmte Monument des Hernando Magallanes anzusehen, der 1520 als erster die Meeresstraße, an der die Stadt liegt, passierte. Zu seinen Füßen sitzen je ein Häuptling der Tehuelche und der Ona – Indianerstämme, einst beheimatet auf Feuerland und dem südlichsten Patagonienzipfel, inzwischen jedoch ausgestorben. Der herabhängende Fuß des einen Häuptlings ist ganz blank. Er wird von vielen Touristen geküßt. Denn – so heißt es – wer ihn küßt, kommt wieder.

Wir küssen ihn nicht.

Die dreistündige Fahrt nach Puerto Natales bietet keine Höhepunkte. Die Landschaft wirkt herb und kahl. Nur die Strecken, die an der Küste entlangführen, und einige Guanaco-Herden machen uns wach. Gleich bei der Einfahrt in die kleine Stadt am Ultima-Esperanza-Fjord verlieben wir uns in ein rotes Hotel, das an der Uferpromenade liegt. In diesem „Juan Ladrilleros“ bekommen wir ein Zimmer mit Bad. Der Ausblick aus dem großen Erkerfenster umfaßt den ganzen Fjord, auf dessen Wasserspiegel Sonnenstrahlen und Wolkenschatten bizarre Muster zeichnen.

Ich biete Regine das Bett am Fenster an, sie es mir. Schließlich werfe ich eine Münze: Adler oder Zahl. Die Münze rollt unter das Bett. Wir schieben es beiseite: Es ist mir zugefallen. Aber wir haben sowieso kaum Gelegenheit, den Ausblick bei Tageslicht zu genießen, denn nachdem wir über die Dame an der Rezeption für den nächsten Morgen zwei Tickets für eine Tagesfahrt durch den Nationalpark erstanden haben, sind wir schon wieder auf der Straße, schlendern am Ufer entlang und sehen uns ein anderes Hotel nahe dem Hafen mit dem merkwürdigen Namen „Concepto Indigo“ an. Es ist verschindelt und hat auf der Rückseite eine Kletteranlage. Es gefällt uns gut, obwohl es eine ganz andere Atmosphäre ausstrahlt: Hier vermuten wir alternative Besitzer und Gäste. Wir lassen uns ein Zimmer zeigen, auch mit weitem Blick auf Uferpromenade und Fjord, und entschließen uns, die übernächste Nacht hier zu verbringen, zumal es – worauf Regine nachdrücklich hinweist – billiger als das erste Hotel ist. (Obwohl ich, wie abgemacht, die Rechnungen für uns beide zahle, ist sie immer darauf bedacht, die Kosten niedrig zu halten!) Ich zahle im voraus, und nun stürmen wir los, um an diesem Tag noch so viel wie möglich von der Stadt zu sehen. Es ist Sonntag. Trotzdem haben viele Geschäfte geöffnet. Man ist in diesem abgelegenen Ort wohl darauf angewiesen, auch feiertags Kunden zu Käufen zu ermuntern.

Hangaufwärts wandern wir in Richtung Zentrum, herumalbernd wie zwei Teenager. Wir begegnen nur wenigen Touristen, obwohl jetzt im Sommer doch Hochsaison sein muß. Vielleicht ist das außergewöhnlich kühle Wetter daran schuld? Egal, woran es liegt: Wir fühlen uns pudelwohl und amüsieren uns über manche Touristen, denen wir begegnen; über Möwenschwärme, die lüstern über stinkenden Fischmehlsäcken kreisen, ohne Chance, an den Inhalt der Säcke zu gelangen; über manche skurrile Namen der vielen Hotels, Pensionen und Herbergen; über uns selbst.

Auf dieser Reise lerne ich Regine als Gefährtin kennen. Sie ist mir wie eine Schwester. Daß siebenunddreißig Jahre Altersunterschied zwischen uns liegen, spielt gar keine Rolle und ist uns wohl nur äußerlich anzusehen. Ich fühle mich so unbeschwert und zugleich so sicher. Denn inzwischen weiß ich, daß ich mich in jeder Hinsicht auf Regine verlassen kann. Diese Gewißheit brauchen wir beide, um uns wohl zu fühlen. Für mich ist das größte Erlebnis dieser Reise der Mensch Regine und das Vertrauen, das ich in sie setzen kann. Erst da-nach rangiert das Erlebnis Nationalpark.

Uns gefällt es hier. Wir beschließen einmütig, erst am Mittwochmorgen wieder nach Punta Arenas zurückzukehren, und kaufen für den Dienstag Tickets für eine Kutter-Tagesfahrt zu zwei Gletschern, die in Fjorde kalben. Im Programm wird auch die Sicht auf Kormoran- und Seelöwenkolonien angekündigt. Wieder etwas, worauf wir uns freuen können!

In einem ziemlich verstaubten Schaufenster fällt mir ein Herrenhut ins Auge. Regine folgt meinem Blick und ermuntert mich heiter, doch hineinzugehen und zu fragen. „Such nur“, lacht sie. „Ich hab’ Geduld ...“

Ja, die hat sie im Überfluß. Und wieder erhalte ich die gleiche Auskunft wie in Temuco: „Die höchste Weite unserer Hüte ist 59 cm. In ganz Chile werden Sie kaum Herrenhüte mit einer größeren inneren Weite als 60 cm finden ...“

Als wir alle Läden, in denen sonntags Hüte angeboten werden, erfolglos durchforstet haben, frönen wir Regines Lust:

Buchhandlungen durchstöbern. Aber das Buchangebot von Puerto Natales ist bescheiden. Und schon beginnen unsere Mägen zu knurren. In einem kleinen Restaurant, einem Familienbetrieb namens „Tierra del Fuego“ (Feuerland), bestellen wir ein Fischgericht. Wir sind die einzigen Gäste. Ich schaue mich um. In einer Ecke hängt ein dilettantisch gemaltes Ölbild, das einen Mann mit fliegendem Haar in der Mode des beginnenden 19. Jahrhunderts zeigt. In der einen Hand hält er ein weißes Blatt, in der anderen ein Schreibgerät. Wen soll das Porträt darstellen? Die Züge des Mannes – er schielt etwas – erinnern mich an gar niemanden. Ich schätze sein Alter auf etwa 35 – 40 Jahre. Als die Wirtin gerade in der Küche verschwunden ist, gehe ich hin und suche nach irgend einem Hinweis. Aha: Auf dem weißen Blatt entdecke ich einen Notenschlüssel und einige Noten. In der linken Bildecke steht groß die Signatur des Malers, in der rechten finde ich nur ganz klein drei Anfangsbuchstaben: L.v.B.

„Das soll Beethoven sein“, flüstere ich Regine zu. Sie hält ein Gelächter zurück, denn schon naht die Wirtin. Ich frage sie nach dem Bild.

„Oh“, sagt sie, „das ist ein Geschenk eines guten Bekannten, eines Musikers. Er ist vor ein paar Jahren gestorben.“

„Und wen stellt es dar?“ schiebt Regine nach.

Die Frau zögert. Es ist ihr offensichtlich peinlich, ihre Frage nicht beantworten zu können.

„Wahrscheinlich einen Freiheitshelden aus der chilenischen Geschichte“, sage ich trocken. „Vielleicht O'Higgins?“

„Genau, O'Higgins, O'Higgins!“ ruft die Wirtin erleichtert.

Am nächsten Morgen genießen wir ausgiebig das heiße Bad im eigenen Badezimmer, überhören das bedrohliche Geknatter der Dusche und frühstücken vornehm. Kurz danach werden wir von einem Jeep mit dreizehn Sitzplätzen abgeholt. Darin befindet sich eine Gruppe junger, aus den USA angereister Leute, bunt zusammengewürfelt: Südamerikaner, Asiaten, ein weißblonder Holländer, eine Inderin. Für uns sind zwei Plätze an der seitlichen Schiebetür frei, gleich in der zweiten Reihe. Wir können dem Fahrer und der Tourenführerin über die Schulter sehen.

Die Route, die der Wagen nimmt, ist gut aufgebaut: Anfahrt aus dem Tiefland immer höher ins Gebirge, an Schaf- und Guanacoherden vorbei. Besichtigung der riesigen Milodon-Höhle, in der man die Überreste eines urzeitlichen Riesenfaultieres fand. Durch eine bizarr-herbe Landschaft, in der Kondore kreisen, an einer Reihe verschiedenfarbiger Seen entlang, bis das Massiv der Torres del Paine in aller Herrlichkeit zwischen den Gipfeln niedrigerer Berge aufwächst. Und als krönender Höhepunkt die blauen Eisblöcke, die vor dem Hintergrund des Grey-Gletschers unterhalb der nun nahen, gewaltigen Felszacken auf einer Lagune schwimmen.

Von dort zurück. Wir haben Glück mit dem Wetter.

Auf der Rückfahrt werden wir schweigsam. Was wir zu sehen bekamen, war atemberaubend und macht uns stumm und müde. Aber kaum kommen wir in Puerto Natales an, werden wir wieder aktiv, ziehen ins andere Hotel um und gehen dann in die Stadt, um noch Geld einzutauschen, Proviant für die Kutterfahrt und Tickets für die Rückfahrt nach Punta Arenas am Mittwochmorgen zu besorgen. Regine findet nach Anfragen in mehreren Reisebüros heraus, daß alternativ eine Fahrt angeboten wird, die zwar eine Stunde länger dauert, aber über eine Pinguinkolonie am Strand eines Meerbusens (Seno Otway) führt. Die nehmen wir. Da sie schon zu früher Stunde beginnen soll, lassen wir uns für die dritte Nacht ein Zimmer im ersten Stock eines Internetcafés nahe der Abfahrtstation reservieren. Die Kellnerin in diesem Haus wirkt sehr sexy und trägt einen kurzen Rock. Regine informiert mich, daß wir uns hier in einem *Café con pierna* (Café mit Bein) befinden. Nun denn!

Am Abend machen wir uns mit der Atmosphäre unseres Uferhotels vertraut. Dazu setzen wir uns ins Restaurant. Auch hier herrscht nicht viel Betrieb, aber wir begegnen einigen der Typen, die wir schon vom Flug her kennen. Bald stellen wir fest: Wer in diesem Haus logiert, ist jung. Regine gehört schon zu den Ältesten, und ich muß hier wohl geradezu exotisch wirken. Wieder Anlaß zu Heiterkeit!

Das Abendessen ist zu teuer für seine Bescheidenheit. Ich esse eine Kartoffelsuppe, Regine bestellt ein Pilzgericht und bekommt vier Viertel einer Toastscheibe plus zwei winzige Schüsselchen mit Pilzsauce, appetitlich angerichtet. Anschließend stillen wir unseren Resthunger in unserem Zimmer, indem wir schon die Hälfte des Kutterfahrt-Proviants wegfuttern. Ich wasche mir die Haare unter der heißen Dusche, die bei Zufuhr von kaltem Wasser wie ein Maschinengewehr knattert. Ich verlasse die Duschkabine halb gekocht, in der Hoffnung, daß einige Flöhe diese Prozedur nicht überlebten.

Das Morgenwetter verspricht nicht viel Gutes. Nebel liegt über dem Fjord. Wir haben es nicht weit bis zum Anlegesteg. Der Kutter füllt sich. Man nimmt an langen Tischen rechts und links eines Mittelgangs Platz. Durchgehende Fensterfronten auf beiden Seiten erlauben eine weite Sicht auf die Landschaft.

Am Nachbartisch sitzt eine chilenische Familie: ein hochgewachsener, etwas bärenhaft wirkender, noch junger Mann, seine kleine zarte Frau, sein etwa einjähriges Töchterchen und ein linkischer Vierzehn- oder Fünfzehnjähriger, vielleicht der Bruder von ihm oder ihr. Die Frau ist körperlich schwerbehindert. Die Beine gehorchen ihr nur mühsam. Vorsichtig setzt sie einen Fuß vor den anderen. Auch die Arme scheinen beeinträchtigt zu sein. Sie ist nicht fähig, das Kind zu halten. Meistens lehnt sie sich müde an den Mann. Er kümmert sich rührend um das lebhafte Kind, läßt es auf dem Tisch krabbeln, gibt ihm die Flasche, führt die Frau, wenn sie mal hinaus muß, ganz behutsam und liebevoll, während er auch noch das Kind trägt. Regine und ich beobachten fasziniert diese anrührenden Szenen.

Schon um 8 h fährt der Kutter ab. Nur langsam kommen wir aus dem Nebel heraus. Zeitweilig halten wir uns auf Deck auf, vor allem, während wir die Felswände mit den Kormoran- und

Seelöwenkolonien passieren. Immer wieder treiben uns Wind und Regengüsse ins Innere des Schiffes zurück.

Da ist etwas, das mich, seit ich bei Regine zu Besuch bin, mehr und mehr beschäftigte. Jetzt bietet sich Gelegenheit, mit ihr darüber in Ruhe zu sprechen.

„Du“, fange ich an – eine angeblich für mich typische Anrede, mit der sie mich gern neckt, indem sie den Zeigefinger wie einen Revolverlauf auf mich richtet – , „ich hätte Lust, ein Buch über dich und Victor zu schreiben – so, wie ich euch erlebt habe und noch erleben werde. Und über das Anliegen der Mapuche ...“

Sie starrt mich überrascht an.

„Aber ich möchte das nicht ohne eure Einwilligung tun“, fahre ich fort. „Denn ich weiß ja nicht, ob euch das lieb ist. Und es könnte lästige Folgen für euch haben. Ihr könntet mehr Besuch aus Deutschland bekommen, als euch lieb ist ...“

Sie denkt eine Weile nach, dann sagt sie: „Laß mir ein paar Tage Zeit. Ich will erst mit Victor darüber reden.“

„Außerdem muß ich auch erst sehen, ob ich einen Verlag dafür finde“, füge ich hinzu. „Aber eins möchte ich von vornherein klarstellen: Wenn alle Zeichen auf Grün ständen und mir das Buch gelänge, würde ich dir das Manuskript auf jeden Fall vor dem Druck erst zu lesen geben, damit du noch ändern oder streichen kannst, was du nicht in Ordnung findest.“

Ich sehe ihr an, daß sie mir vertraut. Und daß sie sich bereits für dieses Projekt erwärmt. Wir stoßen mit einem Pisco sauer auf das Buch an, das vorerst noch nicht mehr ist als die schemenhafte Andeutung einer Idee.

Das Wetter klart auf. Ab und zu spiegelt sich sogar für ein paar Minuten die Sonne im Wasser. Immergrüne Regenwälder klettern an den Steilhängen empor. Menschliche Ansiedlungen sind kaum zu sehen. Hier herrscht noch die Natur. Manchmal gibt die Bergsilhouette den Blick auf hohe Schneegipfel der Andenkette frei. Der Gletscher Balmaceda leuchtet herüber.

Unser Kutter steuert durch die Fjorde bis zu einer Anlegestelle, von wo ein 30-Minuten-Fußweg bis zum Gletscher Serrano führt. Der Aufstieg erscheint mir zu steil, zu riskant, also entschließe ich mich, am Ufer in der Nähe des Schiffes zu bleiben. Regine zieht mit den anderen Passagieren los. Aber nach zehn Minuten kehrt sie aufgeregt zurück: Ich solle unbedingt wenigstens die ersten zweihundert Meter hinaufwandern, von dort könne ich den Gletscher liegen sehen! Ob sie mir helfen solle?

Ich schaffe den Steilhang allein. Der Weg ist besser, als ich dachte: An den steilsten Stellen hat man für Stufen gesorgt.

Und wer kommt mir von oben entgegen? Erst der Fünfzehnjährige, der offensichtlich als Hilfe nicht zu gebrauchen ist, dann der bärenhafte Mann, der sein Kind auf dem Arm trägt und langsam, Schritt für Schritt, seine Frau die Stufen herunterlotst. Sie hängt mehr an ihm, als daß er sie führt. Er hat keine Mühe gescheut, auch ihr den Ausblick auf den Gletscher zu ermöglichen!

Grund für mich, beschämt zu sein: Ich bin nicht behindert, nur alt. Trotzdem habe ich mich aus Feigheit vor diesem Aufstieg gedrückt, der sich, wie ich nur ein paar Schritte weiter feststellen kann, tatsächlich lohnt. Vor mir liegt in etwa einem halben Kilometer Entfernung die bläulichweiße Gletscherwand in ihrer ganzen Breite, davor treiben mächtige Eisbrocken im Wasser. Ich fühle mich lächerlich klein gegenüber diesen Dimensionen.

Der Weg, auf dem ich stehe, führt am Steilhang entlang bis zur Wand. Vor ihr erkenne ich jetzt dunkle Punkte, die sich ihr nähern: die Passagiere. Darunter ist auch Regine, die den anderen sicher hat nachlaufen müssen.

Als wir einige Zeit später wieder an unseren Tisch kommen, spielt sich eben am Nachbartisch eine häßliche Szene ab: Ein deutsches Touristenpaar, das auf der Herfahrt der chilenischen Familie gegenübersaß und sie beobachtet haben muß, steht vor dem Tisch, gestikuliert empört und zeigt auf die Bank und seine Sitzplätze. Dorthin ist unbemerkt die Flasche des Kleinkindes gerollt, ein Milchrest ist ausgeflossen.

„Machen Sie das sauber!“ schnauzt der Deutsche den Chilenen an.

Der beugt sich über die Tischplatte, um zu sehen, was da überhaupt zu beanstanden ist. Natürlich, er ist bereit, die Bank zu säubern. Aber womit? Ratlos schaut er sich um. Wir reichen ihm eine Papierserviette hinüber und lächeln ihm zu, als er sich beeilt, die Milch wegzuwischen, während er das Kind festhält. Die Deutschen helfen ihm nicht. Sie danken nicht einmal. Mit bitterböser Miene suchen sie sich einen anderen Platz am anderen Ende des Raumes.

Dieser Vorgang und dieser chilenische Mann mit seiner Familie beschäftigen uns während des Abends fast mehr als die einmalige Natur, der wir begegneten. Es war ein unvergeßlicher Tag, in zweifacher Hinsicht.

Kaum angekommen, ziehen wir in unser Zimmer im Café „Melissa“ um. Ich wechsle noch einmal Geld und rufe Martin wegen dem Hut an. Die Verbindung ist schlecht, wir verstehen einander kaum.

„Du mußt einen Wasserkopf haben!“ brülle ich so laut, daß auch Regine, die draußen wartet, es verstehen kann. Ich höre sie lachen.

Resultat des Telefonats: Ich solle dann eben einen 61cm-Hut kaufen. Zur Not könne man den Lederstreifen, der auf der Innenseite entlang läuft, etwas dehnen. Aber einen kleineren nicht!

Nach dieser nicht viel Hoffnung einflößenden Instruktion essen wir noch einmal im „Feuerland“ zu Abend, in Gesellschaft des leicht schielenden Freiheitshelden O'Higgins, der gerade komponiert.

Auch die Dusche im dritten Hotelzimmer knattert.

Auf der Rückfahrt nach Punta Arenas haben wir einen 13-Sitze-Jeep samt Fahrer und Führerin ganz für uns allein. Diesmal können wir dieser herben, eintönigen Landschaft mehr Reiz abgewinnen. Und hängt hier der Himmel nicht viel niedriger als anderswo? Außerdem gerät uns eine Herde straußenartiger Vögel in den Blick. Nandus. Obwohl wir den vielen Pinguinen am Strand des Seno Otway lange zusehen, kommen wir doch schon um die Mittagszeit an. Regine versucht zum wiederholten Mal, jemanden daheim telefonisch zu erreichen. Endlich hat sie Ayen an der Strippe. Er berichtet ihr als neueste Neuigkeit, daß eine Ratte in die Falle gegangen sei ... Ja, und sonst sei alles in Ordnung.

In der Pension „Calafate“– einer altehrwürdigen Villa aus den Jahren der vorletzten Jahrhundertwende – finden wir ein nettes Zimmer. Vom Gepäck befreit, ziehen wir wieder durch die Stadt – auf Hutjagd. Regine hat ihre engelhafte Geduld noch immer nicht verloren. Und siehe, nach einigen vergeblichen Nachfragen nennt uns eine Hutverkäuferin die Adresse der Verkaufsstelle einer Hutfabrik. Dort endlich stoßen wir auf einen dunkelgraubraunen Lodenhut, eine Sonderanfertigung, die angeblich nicht abgeholt worden sei, von 61cm innerer Weite. Und noch nicht einmal teuer!

Hochzufrieden ziehen wir ab. Endlich! Nun soll aber auch Regine sich von ihren Wünschen leiten lassen. Ich begleite sie in die *Zona Franca*, die Duty-Free-Zone, die ein paar Kilometer außerhalb der Stadt liegt. Hier gibt es in großen, messeartigen Hallen alles – und alles etwas billiger als in den städtischen Läden. Regine schaut sich nach einem neuen Vier-Mann-Zelt um. Denn das alte, das ich ja von der Neujahrsnacht her schon kenne, beginnt zu zerschleißen. Auch sie findet, was sie sucht. Gemeinsam essen wir in einer der Hallen sehr verspätet zu Mittag, aus der Hand in den Mund.

Nachdem wir unsere Schätze in der Pension abgelegt haben, machen wir noch einmal eine Runde durch die Stadt, werfen einen Blick auf die Hafenanlagen, wandern dann hangaufwärts bis auf eine Aussichtsplattform, den „Cerro Mirador“, in freier Übersetzung „Hügel Lug-Ins-Land“, von dem sich uns ein weiter Blick über die Stadt bietet. Uns fallen die lebhaften Farben der Häuser, auch der Dächer auf. Haben die Einwohner Punta Arenas ihre Häuser so bunt bemalt, um dem öden Graubraun des Umlandes entgegenzuwirken?

In einem herrlich geschmacklosen Restaurant, giftgrün und rosa, essen wir noch einmal Fisch.

„Es war eine tolle Reise“, sagt Regine. „Danke!“

Ich habe allen Grund, mich auch bei ihr zu bedanken.

Um die Mittagszeit des nächsten Tages – es ist ein Donnerstag – kommen wir in Temuco an. Mir fällt auf einmal meine Nagelschere ein. Auf diesem Hin- und Rückflug in den Süden hat sich niemand für sie interessiert. Victor erwartet uns schmunzelnd hinter der Glasscheibe. Er ist am selben Tag von Santiago zurückgekommen. Regine strahlt ihm entgegen.

## 13

In einem Temucaner Supermarkt kaufen Regine und Victor noch Vorräte ein, die hier billiger zu haben sind als in Carahue. Unterwegs futtern wir zu dritt den Rest der Nüsse-und-Rosinenmischung auf, die wir als Proviant auf die Kutterfahrt mitgenommen und dann vergessen haben. Aus dem Postfach in Carahue holt Regine eine Handvoll Briefe, alles noch Weihnachtspost aus Deutschland. Dann kauft sie schnell eine große Packung Eis, die wir nach der Heimkehr gemeinsam mit Lifko, Ayen, Claudia, Miguel und Abuelita Juana in deren Haus verzehren – froh, wieder auf Quillem Alto zu sein. Unseren lebhaften Erzählungen hört Juana still, aber aufmerksam zu und verrät nicht, was in ihr vorgeht. Ich glaube nicht, daß sie jemals weiter als bis nach Temuco gereist ist.

„Stellt euch vor“, berichtet Regine der versammelten Runde, „heute morgen auf dem Flughafen von Punta Arenas hätten wir fast den Abflug versäumt. Nicht, weil wir zu spät auf dem Flughafen ankamen, sondern weil wir uns in ein Gespräch vertieft hatten und nicht merkten, daß die anderen schon alle eingestiegen waren ...!"

Ja, so war es gewesen. Wir hatten über die Pros und Contras „unseres" Buches gesprochen.

„Und heute morgen lag Mehl neben dem Schiffskoffer", berichtet Ayen.

„Und es gibt wieder kein Wasser in der Leitung", erzählt Lifko.

Der argentinische Lonco freut sich auch, daß Regine wieder da ist. Unter ihrer Regie läuft der Haushalt geregelter ab, gibt es leckeres Essen.

Bald ist alles so, als wären wir nie fort gewesen. Victor fährt mit einem 50 m langen Schlauch, den er in Temuco gekauft hat, zu seiner Rinderkoppel. Dort will er vom Nachbargrundstück, das seinem Onkel gehört, eine Wasserleitung auf sein eigenes Grundstück legen, um seine Rinder mit Wasser versorgen zu können. Währenddessen zieht Regine Eimer um Eimer voll Wasser aus dem Brunnen, wäscht Wäsche mit der Hand und hängt sie an den Zaun. Ich schreibe unter dem Pfirsichbaum Tagebuch und Postkarten, bis Ayen mich für eine Partie Memory beansprucht.

„Victor will darüber nachdenken", sagt Regine, als sie sich eine Weile über uns beugt und amüsiert zuschaut, wie ich haushoch verliere. Ich weiß, worauf sie sich bezieht. Sie verschwindet und kehrt mit einem Karton zurück. Ihm entnimmt sie auch ein Memory-Spiel. Es zeigt klare, kindgemäße Bilder von Mapuche-Gegenständen: Musikinstrumente, Teppiche, Schmuck, heilige Bäume, eine Ruca und allerlei anderes, was im Leben der Mapuche eine wichtige Rolle spielt. Sie selbst hat es hergestellt. Es verblüfft mich, daß die Bilder keinesfalls laienhaft wirken. Das ganze Spiel macht den Eindruck, als sei es von Profis hergestellt worden. Auch die farbliche Komposition überzeugt. Soll ich Regine empfehlen, es einem Spieleverlag in Deutschland vorzulegen? Aber die Thematik ist für Europa ungeeignet. Die Kultur der Mapuche – wer würde sich in Deutschland, England, Frankreich dafür interessieren? Wenn Regine Chancen hat, dieses Spiel zu veröffentlichen, dann in Chile. Für die Chilenen ist es wichtig, etwas über die Kultur der Mapuche zu wissen. Noch besser wäre dieses Memory für Mapuche-Landschulen geeignet. Hier könnten sich schon die Mapuche-Kinder mit Gegenständen ihrer Kultur vertraut machen. Ich rate ihr dringend, sich damit an Schulbehörden oder Lehrmaterialhersteller zu wenden.

Sie scheint allerdings ihre Hoffnung mehr auf Mapuche-Organisationen zu setzen. In diesem Zusammenhang erzählt sie mir, daß sie sich auch an anderen kunsthandwerklichen Arbeiten versucht habe. Ich komme aus dem Staunen nicht heraus, als sie ein Album mit Fotos all der Dinge aufschlägt, die sie hier auf Quillem Alto in ihrer spärlichen Freizeit hergestellt hat: Tücher mit Seidenmalerei, Waldorfpuppen, Glückwunschkarten. Entzückende Holzarbeiten: Hampelmänner, Kerzenhalter, Monde und Sonnen, Wackelgänse, kleine Autos mit richtigen Rädern, Hängevögel, die ihre ausgebreiteten Flügel heben und senken, wenn man an einer Schnur zieht ... und alles überzeugend professionell!

„Mensch, Regine", sage ich überwältigt, „du bist ja so vielseitig! Und so kreativ! Eine Kunsthandwerkerin bist du!"

„Ach", winkt sie ab, „ich hab' eben all das mal gemacht, um zu sehen, ob ich nicht manches davon verkaufen kann. Aber hier hat man kein Interesse an solchen Puppen, schätzt nur Puppen aus Plastik mit langen Wimpern und Schnullermund. Na ja, und natürlich die Barbies. Die einfachen, aber gediegenen Holzspielsachen hält man für primitiv und altmodisch. Auch die Gestaltung meiner Glückwunschkarten entspricht nicht dem hiesigen Geschmack. Weißt du, ich kann keine Sachen herstellen, die mir nicht selbst gefallen. Ich bin auf dem Temucaner Markt gewesen und habe den Inhabern der Stände dort meine Sachen gezeigt. Kein Interesse. Hier in Carahue schon gar nicht ..."

Ich stelle mir ihre Sachen auf einem deutschen Kunsthandwerker- oder Weihnachtsmarkt vor. Vermutlich hätte sie dort mehr Chancen.

„Ich verschenke eben die Basteleien an meine Verwandten und Freunde“, sagt sie lachend. „Hauptsache ist doch, daß sie Freude machen ...!“

Zum Abendessen beweist sie uns auf einem ganz anderen Gebiet ihre Kreativität: Sie schneidet ein Stück Wölbung von einer Honigmelone ab, holt das Fruchtfleisch aus der runden Schale, entkernt und zerkleinert es und vermengt es mit Weißwein. Diese Mischung füllt sie wieder in die Melone, deckt das Loch mit dem herausgeschnittenen Deckel zu, packt die Frucht so in einen Eimer, daß sie aufrecht stehen bleibt, und läßt ihn am Strick tief in den Brunnen hinunter. Nach einer Stunde zieht sie ihn wieder herauf und serviert das Melonenfleisch als Nachtisch so kalt, als sei es gerade aus dem Kühlschrank gekommen. (Ein Kühlschrank würde übrigens an diesem Abend versagen, denn der Strom ist wieder mal weg.)

Victor genießt nach den zwei Tagen Abwesenheit seine Kinder, läßt sich von ihnen erzählen und Basteleien zeigen. Er nimmt sie ernst. Das spüren sie. Mit einer liebevollen Umarmung entläßt er sie ins Bett.

Schon sehr früh am Morgen kommt ein Mann, ruft leise nach Victor, hockt sich dann hin und trinkt Mate. Eine gute halbe Stunde muß er warten. Die Hunde schlagen nicht an. Es muß also jemand sein, den sie kennen.

Es ist Pancho Lopez, ganz verstört: Ein Schaf ist ihm abhanden gekommen, wahrscheinlich gestohlen worden. Zu allem Unglück ist es ein Tier, das ihm zur Hut anvertraut wurde. 33.000 Pesos Verlust! Als Victor davon hört, fährt er sofort zu seinen Kühen, um nachzusehen, ob sie noch vollzählig sind.

Auch in Regines Haushalt gibt es Diebe: Regine zeigt mir bekümmert neue Mehlspuren neben dem blechernen Überseekoffer. In ihrer Nähe befinden sich ein breiter Riß und ein

Astloch im Dielenbrett. Auf derselben Seite schließt der Deckel des Koffers nicht richtig. Nur ein sehr kleines Tier kann sich dort durchpressen. Es muß also eine Maus gewesen sein. Regine verstopft das Loch und sucht nach einer Möglichkeit, den Deckel abzudichten.

Um 11 h kehrt Victor zurück. Kein Rind fehlt, die Schlauchleitung funktioniert. Er zieht sich in aller Eile um, denn man erwartet ihn schon um die Mittagszeit in Temuco zu einer Besprechung im Büro der Mapuche-Organisation. Ich entschließe mich mitzufahren, denn Temuco will ich mir noch einmal in Ruhe ansehen.

Auch die Abuela steigt mit ein, denn sie hat etwas in der Bankfiliale von Carahue zu erledigen. Und die beiden Buben fahren ebenfalls mit, denn Lifko will sich eine Pistole kaufen (worüber Regine nicht begeistert ist). Erst hinterher soll ich erfahren, daß Regine vor unserer Abfahrt wieder Ärger mit ihrer Schwiegermutter hatte: Denn auf ihre Bitte, sich in Carahue ein bißchen um die beiden Jungen zu kümmern, zog sie nur die Schultern hoch und schaute in eine andere Richtung.

Victor setzt seine Mutter und seine Söhne in Carahue ab.

„Wie kommt ihr wieder heim?“ fragt er.

„Im Taxi“, ruft Juana über die Schulter zurück und hält Ayen fest, der hastig die Straße überqueren will.

Um halb eins kommen wir in Temuco an. Fast fünf Stunden habe ich Zeit. Ich streife durch die Straßen, schaue mich in der Markthalle um, in der ich sechs Tage zuvor schon mit Regine gewesen bin, und kaufe für die Freundin meines Sohnes eine breite indianische Webborte. In einem Marktrestaurant esse ich eine Empanada, mit Käse gefüllt. Ich schlendere über die Plaza und entdecke ein Restaurant, das damals, in den Fünfzigern, das nobelste der ganzen Stadt war. Einem älteren Mapuche, der neben einer Kreuzung Plastikschachteln voll dicker Gartenhimbeeren anbietet, kaufe ich zwei Schachteln ab. Er freut sich.

Auf dem Touristen-Informationsbüro im Rathaus lasse ich mir die Adresse einer Gruppe von Mapuche-Frauen geben, die ihre Webwaren ohne Zwischenhändler zu verkaufen versuchen. Ich erwarte einen Laden, aber was ich finde, ist eher ein Büro mit einem Lagerraum. An diesem Tag bin ich die erste Kundin, wahrscheinlich auch die letzte, obwohl ich dort die schönsten Mapuche-Webereien entdecke, die mir auf meiner Reise bislang begegnet sind. Aber sie sind auch am teuersten – wobei mir klar ist, daß sie, wenn ihre Weberinnen deutsche Stundenlöhne bekämen, noch um ein Vielfaches teurer wären.

Eine halbe Stunde später sehe ich eine Mapuche-Frau an der Kreuzung zweier Hauptverkehrsstraßen einen Stapel handgewebter Decken anbieten. Ich zeige auf die oberste und frage, wieviel sie koste. Sie nennt mir einen Preis, der viel niedriger ist als der von vergleichbaren Stücken im Mapuche-Frauenbüro. Sie hält mir die Decke hin und sieht mich erwartungsvoll an. Was für Erwartungen habe ich geweckt? Ich wollte doch nur ihre Preise mit denen der organisierten Mapuche-Frauen vergleichen!

„Nein“, sage ich erschrocken. „Ich will sie nicht kaufen.“

Ich mache, daß ich davon komme. Sie läuft mir nach und jammert: „Ich hab’ vier Kinder, Frau, alle noch klein! Ich brauch das Geld – bitte!“

Sie geht mit dem Preis immer weiter herunter bis auf die Hälfte der ursprünglichen Summe. Den halben Block entlang verfolgt sie mich. Sie ist dick und mindestens 45 – 50 Jahre alt. Vier kleine Kinder? Kaum glaubhaft. Aber vielleicht ist sie die Großmutter und hat für die Enkel zu sorgen, weil deren Mutter nicht mehr lebt? Und wenn die Kinder auch erlogen sind – die Frau ist arm und scheint das Geld dringend zu brauchen.

„Bitte!“ heult sie hinter mir her.

Wieder einmal empfinde ich bitter, daß man nicht durchs Leben kommt, ohne schuldig zu werden. Warum, zum Teufel, habe ich ihr das Stück nicht abgekauft? Weil ich für eine so voluminöse Schafwolldecke einen Extrakoffer hätte anschaffen und mitnehmen müssen? Weil mir die Decke nicht gefiel? Hätte ich ihr dann nicht wenigstens einen Schein in die Hände drücken und mit einem leutseligen Lächeln sagen können: „Behalten Sie die Decke, gute Frau"?

Vielleicht hätte sie das Geld angenommen. Ziemlich sicher sogar. Aber ich hätte mich dennoch schuldig gefühlt, weil ich damit ihre Würde verletzt hätte.

Um 17.15 h finde ich mich, wie abgesprochen, in einer Nebenstraße vor Victors Büro ein. Die Zeit reicht nicht, noch quer durch die Stadt bis zu der Villenstraße zu laufen, in der ich einmal drei Jahre lang ein möbliertes Zimmer bewohnte.

Victors Konferenz dauert eine Stunde länger als die abgesprochene Uhrzeit. Hätte ich das vorher gewußt, hätte ich den Weg zur Straße „Porvenir" (Zukunft) geschafft. Ich kaufe noch schnell die zwei Kilo Äpfel für den Apfelstrudel, den zu backen ich Regine beibringen soll, und drei Gebäckstücke, die in Chile den Namen *Calzones rotos* (Zerrissene Unterhosen) tragen. Eigentlich will ich sie selber essen. Aber als ich sie unterwegs Victor anbiete, macht er sich heißhungrig darüber her. Ihm blieb keine Zeit für ein Mittagessen.

Er erinnert mich daran, daß am kommenden Tag das Freundschaftsspiel der beiden Comunidades stattfinden soll, zu dem Don Juan eingeladen hat. Nebenbei erfahre ich von Don Juans bösen Erfahrungen vor zwei Jahren in Temuco: Er war mit seinen Ersparnissen in die Stadt gefahren, um Ersatzteile für seine Traktoren zu kaufen. Als er aus dem Bus ausstieg – es war noch früh am Morgen – , überfielen ihn Straßenräuber, warfen den alten Mann zu Boden, entrissen ihm seine Geldbörse und rannten davon.

Solche Verbrechen kommen in Chile selten vor, verglichen mit Bolivien, Peru oder Kolumbien. Dort sind sie an der Tagesordnung. Möglicherweise waren unter den Temucaner Burschen auch Mapuche – Landflüchtige, die in der Stadt keinen Job fanden, die Bindungen zu ihren Verwandten, ihrer ländlichen Heimat kappten und kriminell wurden, um mit den Reicheren mithalten zu können. Armer Don Juan!

Zu Hause, als sich alle wieder wohlbehalten zum Abendbrot rund um den Tisch versammeln, packe ich meine Himbeeren aus. Eine leckere Nachspeise für die ganze Familie. Auch für den Lonco und Abuela Juana, die mit am Tisch sitzen.

## 14

Ausflugstag. Herrlichstes Wetter. Ich freue mich auf das, was ich sehen und erleben werde. Victor hat für die Mitglieder der Comunidad einen Bus mit 28 Sitzplätzen gemietet. Pro Person 1.000 Pesos (etwa 1,30 Euro), Kinder frei. Schon versammeln sich die ersten Leute vor dem Haus, einige Männer unter ihnen ausgerüstet mit Palínschlägern – Stöcken, deren untere Enden wie Hockeyschläger gebogen sind. Victor bläst in seine Trutruca und erzeugt laute, greuliche, Töne, die, wie man mir versichert, in der ganzen Umgebung zu hören sind. Auch Abuela Juana, Claudia mit Mann und Kind sowie der Lonco wollen mitfahren. Auf dem Anwesen wird also den ganzen Tag niemand sein. Regine, einen Sack Erbsen für Familie Rain in den Armen, zögert: Sollte sie nicht sicherheitshalber daheimbleiben? Wer will, kann ungestört das ganze Haus ausrauben oder Tiere mitnehmen! Auf Victors Drängen hin entschließt sie sich, doch mitzufahren. Es wird schon alles gutgehen.

Der Bus taucht auf, ein uraltes, robustes Vehikel, die Leute – auch Juana, Lifko und Ayen – steigen ein. Es sind so viele gekommen, daß die Hälfte von ihnen (Jugendliche und Männer) während der Fahrt im Mittelgang stehen muß. Sie dauert über eine Stunde! Victor – mit Regine, dem Lonco und mir – fährt vor dem Bus her, um dessen Fahrer den Weg durch die Hügel zu zeigen. Während einer kurzen Pause in Puerto Dominguez erfahre ich von Pancho Lopez, der ebenfalls an der Fahrt teilnimmt, daß der Schafdieb ein Puma gewesen sein muß. Denn die Schafshaut, ein Stück Schafsfuß und eine Blutspur wurden gefunden.

Wir machen noch einen kleinen Umweg zum Meer, denn manche Leute aus der Comunidad Quillem Alto haben es noch nie gesehen. Ein paar Kilometer südlich der Stelle, wo wir die Neujahrsnacht verbrachten, steigen wir aus und stapfen durch die Dünen zum Strand. Eine ganze Anzahl der Männer entledigt sich ihrer langen Hosen und wagt sich in Turn- oder Unterhosen in die Wellen. Nur die wenigsten besitzen Badehosen. Schwimmen kann so gut wie keiner. Ein paar junge Frauen nehmen in Badeanzügen an diesem ungewohnten Vergnügen zaghaft teil. Aber die Kinder in Lifkos Alter und die Halbwüchsigen sind nicht zu halten. Sie toben im Wasser herum, bespritzen sich gegenseitig und kreischen, wenn die Brandung anrollt. Regine, eine gute Schwimmerin, schaut zu. Sie würde sich sofort ins Wasser stürzen, wenn eines der Kinder, gleichgültig ob ein eigenes oder fremdes, den Boden unter den Füßen verlöre!

Natürlich wandert schon hier ein guter Teil des Proviants in die Mägen. Aber viele nahmen gar keinen Proviant mit. Denn die Comunidad von Lonco Juan Rain hat ja eingeladen. Das heißt, daß sie auch für die Verpflegung sorgt.

Ab und zu verschwindet jemand unauffällig in den Hintergrund und hockt sich in die hohen Binsen. Die Männer drehen sich zum Pinkeln einfach nur um. Niemand nimmt daran Anstoß, niemand guckt neugierig. Mit derlei Notwendigkeiten gehen Menschen, die mit und in der Natur leben, viel lockerer um. Auch die Mapuche.

Nach einer Stunde Strandpause fahren wir wieder ab und quälen uns über schmale Wege bis hinauf zu Don Juan, wo der Bus im Schatten hoher Bäume neben einer Schule hält. Wir sind angekommen, alle steigen aus.

Das Treffen soll auf dem Fußballplatz der Schule stattfinden. Auf ihm wogt ähnlich hohes Gras wie auf der Margaritenwiese von Quillem Alto. Kopfschüttelnd stehen wir davor. Als wir im Gänsemarsch durch die Wiese stapfen, höre ich Pancho Lopez verwundert zu seinem Bruder David sagen: „Hier Palín spielen? Unmöglich!"

Aber als wir das langgestreckte, für uns aufgestellte Schattendach erreichen, sehen wir, daß das Gras dort, wo das Spiel stattfinden soll, gemäht ist. Unter dem Schattendach liegen gepreßte Strohballen, auf denen man sich niederlassen kann. Hier ist reichlich Platz für alle Gäste. Abuela Juana setzt sich neben mich auf den Strohballen. Ihre Füße reichen nicht bis auf den Boden. Nein, viel reden kann man nicht mit ihr, aber Blicke der Zuneigung austauschen. Immerhin macht sie mich auf einen dornigen Stengel aufmerksam, der neben dem Ballen aufragt, und zeigt auf meine bestrumpften Beine. Das heißt, sie warnt mich.

Gegenüber, auf der anderen Längsseite des Spielfeldes, steht ebenfalls ein Schattendach mit Strohballen. Unter ihm lassen sich die Mitglieder der Gastgeber-Comunidad nieder, allen voran Don Juans Großfamilie.

Beide Gruppen, die der Gäste und die der Gastgeber, stellen sich nach einer Weile einander gegenüber am Rand des Spielfeldes auf. In einem Singsang-Wechselgespräch berichten der Lonco Don Juan und der Lonco von Quillem Alto einander von den Problemen und Vorkommnissen in ihren Comunidades, und beide Gemeinden hören zu, während sich alle in kleinen, synchronen Tanzschritten hin und her bewegen. Ich werfe einen Blick auf den dritten, den argentinischen Lonco. Gespannt verfolgt er den Ablauf des Festes, vergleicht ihn wohl mit dem Festritual in seiner argentinischen Heimat.

Sobald die beiden Loncos ihren Dialog beendet haben, setzt sich unsere Reihe, die der Gäste, im Gänsemarsch in Bewegung und wandert an der Reihe der Gastgeber vorbei, um jeden einzelnen von ihnen zu grüßen und gleichzeitig von ihm mit Handschlag und dem Mapuche-Gruß *Mari-Mari!* begrüßt zu werden. Die sich bereits kennen, legen Wange an Wange und umarmen einander. Danach kehren alle wieder auf ihren Platz zurück, die

Spieler verteilen sich auf dem Spielfeld, das Spiel beginnt. Eine füllige ältere Mapuche-Frau in traditioneller Tracht trommelt erst laut, dann immer verhaltener bis zum Ende des Spiels.

Ich habe mich zuvor über die Regeln des Palín-Spieles informiert. Es ist dem Hockeyspiel entfernt verwandt. Schon seit vorkolumbianischer Zeit wird es von den Mapuche begeistert gespielt. Das Spielfeld ist sehr viel länger als breit. Das hier, vor dem wir uns befinden, ist 200 m lang und 12 m breit. Kein Wunder, daß wir es vom Rand des Fußballplatzes aus hinter dem hohen Gras nicht entdeckten konnten! Der Ball hat etwa die Größe einer Mandarine und besteht aus einer Holzkugel oder einem Wollknäuel, mit Leder überzogen. Jede Mannschaft muß bemüht sein, den Ball während des Spieles, das immer von der Mitte ausgeht, mit den am unteren Ende gekrümmten Schlägern über eine der Schmalseiten zu schlagen. Dadurch gewinnt sie einen Punkt.

Bei unserem Spiel hat jede Mannschaft elf Spieler. Mir fällt auf, daß es sich bei ihnen nicht nur um junge Leute handelt. Auch Endvierziger sind darunter. Das gefällt mir. Die älteren Spieler werden wegen ihrer besseren Schlagkraft mehr in der Mitte, die jungen Sprinter an den beiden Enden des Spielfeldes postiert. Die zwei Mannschaften stellen sich parallel der Längsachse auf. In der Achsenkreuzung des Feldes befindet sich eine kleine Vertiefung, darin liegt der Ball. Von hier aus erfolgt das Abspiel. Die beiden Spielführer stehen neben der Vertiefung. Der Kapitän der Mannschaft von Quillem Alto ist Victor. Er hat einen sehr kräftigen Schlag.

Ist der Ball unterwegs, bemühen sich jeweils mehrere Männer, ihn mit einem Schlag weiterzubefördern. Die Schläger sind aus Hartholz. Den Gegner mit ihnen zu attackieren, ist nicht erlaubt. Unabsichtliche Verletzungen lassen sich allerdings nicht vermeiden. In der Mitte des Feldes beginnt das Spiel und endet, je nach Absprache, nach einer bestimmten, vorher festgesetzten Zeit, oder mit dem Ballwurf, der über das Endc einer Schmalseite geht und einen Punkt einbringt. Bis dahin kann unter Umständen viel Zeit vergehen. Früher sollen Palínspiele manchmal viele Stunden, ja mehrere Tage gedauert haben!

Das Spiel dauert eineinhalb Stunden. Die Zuschauer folgen ihm sehr konzentriert, aber es gibt kein anfeuerndes Gebrüll, keine Anheizung aggressiver Emotionen, höchstens individuelle Zurufe, die sich an einzelne Spieler richten. Es herrscht eine ausgesprochen heitere, lockere Atmosphäre, fern der Verbissenheit, der man manchmal am Rand unserer Fußballfelder oder in den Stadien begegnet.

Kaum ist das Spiel beendet, ziehen sich die Spieler auf die Seite ihrer jeweiligen Comunidad zurück, und die Gastgeber schaffen aus Don Juans Haus das Essen herbei: Körbe voll Schweine- und Schaffleisch, große Schüsseln mit Erbsen- und Tomatensalat, Kartoffeln und Reis. Dazu Krüge mit Wasser und Chicha. Und das nötige Geschirr und Besteck. Die Bewirtung fällt so reichlich aus, daß die meisten Gäste den Rest ihrer Portion einpacken. Jemand hat hinter mir auf dem breiten Strohballen einen noch halbvollen Teller mit fettem Fleisch, Kartoffeln und Salat abgestellt. Ohne es zu merken, setze ich mich darauf. Niemand macht mich auf mein Malheur aufmerksam. Regine ist nicht mehr neben mir, sie begrüßt reihum alte Bekannte. Und Juana beugt sich über ihren Teller und hat nichts mitgekriegt. Zum Glück wird mir so warm, daß ich den Mantel ausziehe. Da merke ich die Bescherung!

Das Rückspiel beginnt. Inzwischen sitzen Gastgeber und Gäste nicht mehr streng getrennt. Längst haben sich die Gruppen gemischt, von hüben nach drüben und umgekehrt. Mate-Becher kreisen. Ich sitze jetzt neben der Trommlerin, mit der mich Regine bekannt gemacht hat. Sie scheint eine kluge Frau mit viel Mutterwitz zu sein. In den kleinen Zwischenpausen unterhalten wir uns angeregt.

Nach dem Ende des zweiten Spieles wird es Zeit für die Vogeltänze, die auf jedem Mapuche-Fest das Ende ankündigen.

Trommler und Pfeifer finden sich zusammen, geben die Tanzrhythmen an. Auch hier tanzt Lifko mit und ist – zumindest für meinen Geschmack – wieder der anmutigste der „Vögel". Ein anderer Tänzer fällt mir auf, weil sein T-Shirt den fetten Aufdruck DALLAS trägt. Dallas und der Mapuche-Vogeltanz: Dazwischen liegen Welten!

Hier in der Comunidad von Don Juan enden die Vogeltänze allerdings mit einem kleinen Gag: Jeder Vogel wählt aus dem Publikum ein weibliches Wesen aus, Mädchen oder Frau. Lifko entscheidet sich für eine Frau, die mindestens dreimal so alt ist wie er. Verlegen bemühen sich die Tänzerinnen, darunter eine rundliche Alte, sich nach dem Rhythmus der Trommeln zu bewegen.

Jetzt ist das letzte Ritual dieses Festes fällig. Wieder bilden sich Schlangen, zurückgeordnet nach der Zugehörigkeit zu den beiden Comunidades, wieder ziehen wir Gäste, Erwachsene wie Kinder, im Gänsemarsch an der Reihe der Gastgeber vorbei und bedanken uns für die üppige Bewirtung und alles Übrige an freundlichen Aufmerksamkeiten. Die Trommlerin und ich liegen uns in den Armen, als seien wir schon seit unserer Jugend befreundet. Von Don Juan und seiner Frau Adela verabschiede ich mich mit einer Umarmung, die aus dem Herzen kommt und Wehmut enthält. Was für schöne Stunden habe ich mit ihnen verbracht! Vor meiner Abreise werde ich sie nicht mehr wiedersehen. Sie, die „Mapuche-Adoptiveltern" Regines, haben mir viel gegeben, nicht nur leckeres Essen!

Es wird kühl. Ich ziehe mir den Mantel über, ohne mich an mein Malheur zu erinnern. Regine fängt an zu lachen, als sie den Fleck auf meiner Sitzfläche sieht.

„Ja, ja, Katzenscheiße,", meint sie, wischt das Problem aber munter weg: „Morgen wäschst du den Fleck raus, und fertig."

Es dämmert schon, als wir heimfahren. Diesmal sitzt Regine auf dem Beifahrersitz, denn sie hat den schlafenden Ayen auf dem Schoß. Der Lonco, Juana und ich sitzen auf dem Rücksitz.

Hinten auf der Pritsche hocken Pancho und David Lopez, dazu noch eine Nachbarin, die oberhalb von Victors Anwesen wohnt, mit ihren Kindern, und Lifko. Die Mondsichel schimmert. Von Regine erfahre ich, daß beim zunehmenden Mond auf der südlichen Halbkugel unseres Planeten die Sichel nicht wie bei uns nach links, sondern nach rechts offen ist, beim abnehmenden nach links. Schon wirft der Mond, der bald halb voll ist, einen sanften Schein auf die Landschaft, verfremdet sie, scheint sie zu verzaubern. Diese Hügel im Mondlicht – ein ganz neues Erlebnis!

Kurz vor 22 h biegen wir auf den kleinen Weg mit dem Schild MACHI VICTOR ein. Regine reckt den Hals. Purer Frieden. Nichts scheint zu fehlen. Statt dessen entdeckt Ayen, der wieder aufgewacht ist, eine kleine Veränderung: Er zeigt auf die großen weißen Plastiktüten, die neben der Eingangstür an der Holzwand hängen. Regine steigt aus, läuft hin, nimmt sie ab. Sie sind prall gefüllt mit Erbsen und Bohnen: Geschenke einer Nachbarsfrau.

## 15

Der dritte Sonntag auf Quillem Alto! Nein, der zweite. Denn den vergangenen verbrachten wir ja in Punta Arenas und Puerto Natales. Der zweite und zugleich der letzte. Ich entdecke neue Flohstiche an mir. Wie wird das Wetter heute? Ich werfe einen Blick hinaus. Der Himmel ist bedeckt. Alle schlafen länger, auch ich stehe erst um halb acht auf. Das Wasser ist wieder da, aber der Strom ist weg. Inzwischen habe ich gelernt, daß man sich auf Quillem Alto über solche Lappalien nicht aufregt.

Ich dusche lange kalt. Meine Strumpfhose weist eine Endlos-Laufmasche an der Wade auf. Dieser dornige Stengel hat mich also doch erwischt! Die Strumpfhose läßt sich nicht mehr retten, aber der unverwüstliche Mantel braucht nur gewaschen zu werden, dann wird er wieder wie neu sein. Sobald ich Regine in der

Küche rumoren höre, lasse ich mir von ihr warmes Wasser geben und mache mich an die Arbeit. Im Strandsand und auf den Strohballen ist er schmutzig geworden, ganz zu schweigen von dem Abdruck des Tellerinhalts. Eine bräunliche Soße bleibt in der Schüssel zurück, als ich das Wasser aus ihm herausdrükke. Nach mehreren Spülungen, die ich so wassersparsam und damit so wenig gewissensbelastend wie nur möglich gestalte, hänge ich das gute Stück zum Trocknen auf. Nein, nicht an den Zaun, sondern über den Kleiderbügel in meinem Zimmer.

Noch gibt es kein Frühstück. Ich blättere in Victors Büchern und stoße auf die berühmte „Brevísima Relación de la Destrucción de las Indias“ von Bartolomé de Las Casas und eine ganze Reihe von Büchern über medizinische Pflanzen, Religiosität und Weltsicht der Mapuche. Ich übersetze Titel. Mein Blick fällt auf das Buch des Dalai Lama „Die Kunst, im neuen Jahrtausend zu leben“ und auf eine Schrift von Ricardo Lagos Escobar, dem gegenwärtigen Präsidenten von Chile: „Die Türen öffnen!“. Dann nehme ich ein sehr dickes, abgegriffenes Werk mit dem Titel „Zwischen Mythos und Realität“ in die Hand. Es trägt den Untertitel: „Das Mapuche-Volk in der chilenischen Literatur“. Nach einigem Geblätter vertiefe ich mich in die Texte eines Heimatdichters aus Puerto Saavedra, Lautaro Llempe, unter dem Sammeltitel „Tribut an meine Heimat“, und bleibe an einem seiner Gedichte hängen, das sich „Indio, bis ich sterbe“ nennt. Darin heißt es:

*Warum, Gott, gabst du*
*Nicht allen die gleiche Farbe?*
*Dann gäbe es keine Kriege*
*Und nicht so viel Leid.*

Ein paar Seiten weiter lese ich:

*Ich will nicht, daß sie verlöscht,*
*meine tapfere Mapuche-Rasse!*

*Das ist mein Lied, mein Schrei,*
*dieser Schmerz, der mir die Sinne nimmt ...*

Beim Frühstück frage ich Victor nach diesem Autor. Er scheint ein etwas gebrochenes Verhältnis zu Lautaro Llempe zu haben.

„Er ist zwar ein Mapuche, aber ein bekennender Katholik", lautet seine knappe Auskunft.

Nach dem Frühstück bricht er mit den Kindern auf, um nach den Kühen zu sehen.

„Heute werden wir spät zu Mittag essen", sagt Regine zu mir. „Wir könnten einen Spaziergang machen. Gibt es etwas, was du dir ansehen möchtest?"

„Den Friedhof!" antworte ich, ohne lange überlegen zu müssen.

Jeden Morgen auf dem Weg zum Klohäuschen habe ich ihn drüben auf dem gegenüberliegenden Hang liegen sehen. Er hat mich neugierig gemacht mit seinen bunten, überwiegend himmelblauen Holzhäuschen. Und schon wandern wir durch Margariten, Bibernelle, Kerbel und Schafgarbe hinunter ins Tal, überqueren den schmalen Bach und klettern auf dem gegenüberliegenden Hang durch die Drähte eines Koppelzaunes. Stechfliegen in der Größe von Hummeln umkreisen uns. Die kenne ich noch aus meiner Temucaner Zeit. Ihre Stiche schmerzen. Ich erschlage zwei von ihnen. An meiner Hand kleben nun allerlei Beine und Innereien. Angewidert wische ich sie am Gras ab.

Über eine blühende Wiese nähern wir uns dem Friedhof, an dem wir entlangwandern, bis wir an seinem oberen Ende einen Holzzaun überklettern müssen. Nun können wir in den Friedhof hineinschauen: Diese hölzernen, bunt angestrichenen Grabumzäunungen erinnern an Geländer von Kinderbetten, und die liebevoll verzierten kleinen Häuser auf den Gräbern ähneln Spielzeug. Sie alle stehen mitten im wehenden Gras, in der blühenden Wiese, durch die keine Kieswege und keine Alleen führen, in der kein wachsamer Friedhofswärter seinen

Blick kreisen läßt, niemand Unkräutchen auszupft. Auf diesem Friedhof wird die Natur nicht gegängelt, hat sie die Herrschaft behalten. Hier gibt es nicht einmal numerierte Grabplätze. Der Friedhof ist ja so groß, daß alle Toten der Comunidad, auch die der nächsten Generationen, darin Platz finden und ihre Familien sie hinbetten können, wo sie wollen.

„Sich vorzustellen, hier begraben zu sein, das hat schon was Verlockendes", sage ich zu Regine. „Das Gras wuchert über das Grab und blüht. Es wird besonnt, und der Wind weht darüber hin. Man gehört wieder ganz der Natur."

Ich schaue auf, schaue mich um, genieße die herrliche Landschaft. Gegenüber auf der anderen Hangseite sehe ich jetzt das Klohäuschen, die Ruca, das Wohnhaus liegen, eingebettet in Wiese und Wäldchen. Die Blumen in Regines Garten, die Wäschestücke an seinem Zaun schimmern als bunte Punkte herüber.

„Und was für eine Aussicht man von hier hat!" rufe ich überwältigt.

Regine lacht: „So hab ich das Totsein hier noch gar nicht gesehen."

Auch Kreuze entdecke ich auf einigen Gräbern. Manche von ihnen sind in die Umrahmungen eingearbeitet. Aber sie stehen nicht im Mittelpunkt. Eine Machi, die hier ihre letzte Ruhestätte gefunden hat, ruht unter einem Rehue.

Wir schlendern auf dem Weg, der den oberen Friedhofsrand begrenzt und auf dem Kamm des Hügels entlangläuft, weiter bergauf. Mit kreisendem Arm erklärt Regine, daß er in einem großen Bogen um den ganzen Hang herumführe, auf dem ihr Anwesen liege, um schließlich von oben an der Einfahrt zum Wohnhaus vorbeizukommen.

„Ist dir das zu weit?" fragt sie.

„Der Weg könnte doppelt so weit sein", antworte ich lachend.

Ich erzähle ihr von den Familienwanderungen in meiner Rosinkawiesen-Kindheit, von unserem 800-km-Fußmarsch in den ersten Wochen nach dem Kriegsende. Auch sie erzählt mir Szenen aus ihrer Kindheit, kommt auf ihre Eltern zu sprechen, „grüne“ Eltern. Deshalb hätten sie sich auch sofort in die unspektakuläre Hügellandschaft der Küstenkordillere verliebt und eine Beziehung zu diesem Quillem-Alto-Leben gefunden. Mit Selbstverständlichkeit seien sie bei der Kartoffelernte aktiv gewesen.

Aber dann habe es doch „geknirscht“: Ihre Mutter habe daran Anstoß genommen, daß man erst um 10 h auf das Feld gegangen sei, statt schon zwei oder drei Stunden früher. Denn es sei sehr warmes Sommerwetter gewesen. Regine habe geantwortet: „Aber hier macht man das so!“ – Oder: An einem Erntetag wollte die Mutter, um Zeit für die Feldarbeit zu sparen, zu Mittag nur Müsli mit Brombeeren auf den Tisch bringen. Victor wehrte sich: Das sei für ihn kein Mittagessen. Regine pflichtete ihm bei. Hier sei ein Müsli oder eine süße Speise kein Mittagessen.

„Das muß sie respektieren“, sagt Regine. „Wir sind ja hier nicht in Deutschland!“

Wir kommen auf Victor zu sprechen.

„Am Anfang ist er viel mehr Macho gewesen“, sagt sie. „Er hat sich schon sehr gewandelt, erstaunlich gewandelt! Er versorgt sich jetzt selber, wenn ich wochenlang in Deutschland bin, und wartet nicht auf die Hilfe seiner Mutter.“

Ich stelle ihr eine brutale Frage: „Und wenn euer Zusammenleben eines Tages scheitern sollte – was dann?“

„Es bringt nichts“, antwortet Regine, „mir darüber Gedanken zu machen. Es steht jetzt nicht an. Und es führt zu nichts, mir über Eventualitäten den Kopf zu zerbrechen. Die Zeit bringt alles mit sich, auch die Antworten und Wege.“

Glücklich der Mensch, der sich von solchen vorauseilenden Was-wäre-wenn-Gedanken befreien kann! Ich, belastet von schmerzhaften Erfahrungen eines langen Lebens und geprägt von deutscher Mentalität, kann es nicht, könnte es aber so gern! Ich beneide Regine um ihre Freiheit.

„Ich habe es mir hier abgewöhnt, so viel über Zukunftseventualitäten zu grübeln“, fügt sie hinzu. „Weil es mich nicht weiterbringt. Es ist vielleicht auch gerade die Kunst der Menschen hier, stärker in der Gegenwart zu leben. Dieses Immer-sich-absichern-müssen und Alles-im-Griff-haben-wollen, was wir aus Europa mitbringen, ist ihnen fremd.“

Ja, genau das ist es, was mich an der südamerikanischen Mentalität schon immer so fasziniert hat.

„Sag mir ganz ehrlich“, sagt sie und bleibt stehen, „was würdest du machen, wenn du genau wüßtest, du könntest ohne die Einwilligung des Vaters mit den Kindern nicht ausreisen? Würdest du deshalb die Beziehung beenden und einfach von heute auf morgen mit den Kindern auf einem Besuch in Deutschland bleiben? Verstehst du, was ich meine?“

Ja, ich verstehe, was sie meint. Eine Beziehung basiert auf einem intakten Vertrauen. Über ein Was-wäre-wenn nachzugrübeln, bedeutet bereits ein Infragestellen des gegenseitigen Vertrauens.

„Ich habe ein riesiges Vertrauen“, sagt Regine, „daß wir Lösungen finden würden, Victor und ich. Ich glaube, es liegt daran, daß ich ein Urvertrauen ins Leben habe.“

Ach, das Vertrauen – ein so kostbares, so verletzliches Gut! In unserer heutigen, so egoistisch ausgerichteten Welt fast ein Wunder. Regine wird durchhalten, auch wenn Not und Unglück über Quillem Alto käme. Auch, wenn Victor ins Gefängnis käme oder zum Krüppel würde – vorausgesetzt, das Vertrauen zwischen den beiden bliebe unverletzt. Es ist das Fundament dieser Beziehung, die für die Mapuche wie auch für uns Deutsche so aus dem Rahmen fällt.

Sie schaut sich um. Der Himmel ist wolkenfrei, es ist ein heller Sommertag.

Dieser weite Ausblick, dieses Wetter scheint sie an etwas zu erinnern. Sie beginnt zu erzählen:

„Damals, 1992, als ich den Verdacht hatte, schwanger zu sein, ging ich an einem ganz frühen Morgen zu einer Machi. Noch lag Nebel zwischen den Hügeln. Victor begleitete mich.

Er war damals gerade dabei, Machi zu werden, und diese Frau war seine Lehrmeisterin. Ich reichte ihr die Flasche mit meinem Urin. Sie stellte sie auf eine Stufe ihres Rehue. Nach einer Weile betrachtete sie ihn sehr konzentriert, blies Zigarettenrauch gegen die Flasche, betete und bewegte zwei Messer.

Mir schlug das Herz bis zum Hals. Wenn ich erfahren sollte, daß ich schwanger bin – was dann? Ich stand kurz vor dem Ende meiner drei Einsatzjahre in Chile, hatte meine Gedanken schon auf die bevorstehende Rückkehr nach Deutschland gerichtet. Sollte und wollte ich als Ausländerin hierbleiben? Unter einem anderen Volk leben, in einer interkulturellen Beziehung, also sozusagen im Spagat?

Die Machi wandte sich mir zu. Ich schlotterte vor Kälte, Aufregung, Verwirrung. Sie begann von einem kleinen Wesen zu sprechen, das gerade beginne, sich in meinem Leib zu entwickeln, und diagnostizierte, was meinen seelischen Zustand betraf, Angst, Verunsicherung und negative Gedanken. Als wir dann an ihrer Feuerstelle in der Ruca saßen, sprach sie wie eine Mutter zu mir, beruhigte mich. Schwangerschaft sei ein Geschenk der Natur, ich solle es annehmen.

Dieses Gespräch wärmte mich, es tat mir so gut, daß sich meine Angst, meine Unsicherheit auflösten. Als ich dann aus der Hütte trat, mitten hinein in einen taufrischen, strahlenden Morgen mit einem weiten Blick in die Landschaft, war ich einfach nur noch glücklich. In einer passenderen Atmosphäre hätte ich die für mich so wichtige Neuigkeit nicht erfahren können und war nun froh, nicht in die nächstbeste Apotheke gegangen zu sein, um dort einen Schwangerschaftstest zu kaufen ...“

Wir haben den höchsten Punkt unseres Weges erreicht. Nun schnaufe ich doch ein bißchen. Wir bleiben eine Weile stehen, denn von hier aus bietet sich mir ein neuer Blick auf Regines und Victors Anwesen. Wie klein und der Landschaft, der Natur angepaßt liegt es da unten! Aus dieser Stimmung heraus muß ich es einfach lieben!

Kaum heimgekommen, backen wir zusammen Apfelstrudel. Es wird eine sehr heitere Veranstaltung, denn Apfelstrudel ist so ungefähr das schwierigste Gericht, das ich je zubereitet habe. Auf diesem Gebiet mangelt es mir an Selbstvertrauen. Meine hausfraulichen Fähigkeiten sind mehr als armselig. Aber bis jetzt habe ich den alten Brauch meiner ostböhmischen Bauernheimat fast durchgehend beibehalten: Am 24. Dezember gibt es Apfelstrudel. Das schildere ich (samt genauem Rezept) in einer der Geschichten in meinem Adventbuch, das Regine in der letzten Adventzeit von ihrer älteren Schwester geschickt bekam. Und so hat sie den Wunsch geäußert, von mir die Herstellung eines Apfelstrudels zu erlernen. Ich komme ins Schwitzen, denn der Teig gelingt mir nicht ganz so dünn wie vorgeschrieben: daß man die Zeitung durch ihn hindurch lesen kann. Trotzdem schmeckt der Apfelstrudel allen gut, auch Victor. Regine berichtet ihm lebhaft von unserem Spaziergang.

„Sprich doch nicht so laut“, knurrt er sie an.

Ich finde, daß es jetzt nötig ist, ihr beizuspringen. Deshalb weise ich ihn darauf hin, daß er manchmal auf mein „Como?“ (Wie bitte?) auch sehr laut antwortet. Als ob ich schwerhörig sei. Dabei gehe es bei mir doch nicht um Gehördefizite, sondern um Verständigungsschwierigkeiten zwischen zwei unterschiedlichen Sprachen!

Er sieht mich groß an und behandelt mich seither nie wieder wie eine Schwerhörige.

Schon muß er wieder aufbrechen, diesmal zu einem Fußballspiel in der Nähe von Carahue, zu dem er in seiner Eigenschaft als Machi – also als VIP – eingeladen wurde. (Aber auch privat ist er ein Fußballfan!) Er fragt den Lonco, ob er mitfahren wolle. Der sagt hocherfreut zu.

„Morgen früh!“ läßt er mich wissen, bevor sie abfahren. Ich weiß, was er meint.

Die Kinder sind zu Claudias Geschwisterschar hinübergeschwärmt. Regine und ich sind allein. Mir wird schmerzlich bewußt, daß mir außer dem Rest dieses Sonntags nur noch zwei Tage bleiben. Am Mittwoch muß ich abreisen.

„Hat er schon was zu meinem Buchprojekt gesagt?" frage ich Regine.

Nein, das habe er noch nicht. Er mache zwar nicht den Eindruck, als habe er Bedenken. Sie wolle ihn aber nicht drängen. „Und was mich selbst betrifft: Ich bin dafür. Mit allen Risiken!"

Echt Regine: Risikobereitschaft. Belastbarkeit. Kreativität. Improvisationstalent. Neugier. Optimismus – klassische Pioniertugenden. Wenn jemand das Motto flattern läßt: „Es wäre doch gelacht, wenn ich das nicht schaffe!", dann ist sie es.

Wir packen unsere Badesachen ein und wandern ins Tal von Pancho Lopez. Der Pfad führt über Wiesen und durch wild wucherndes Gebüsch. Immer wieder müssen wir uns vor Brombeergerank in acht nehmen. Auf der Talsohle erwartet uns ein binsendurchwucherter Sumpf. Über eine Bohle erreichen wir in ihm einen Bacharm mit steilen Ufern, der die Binsen durchschlängelt. Ich habe ihn nicht breiter als einen reichlichen Meter in Erinnerung. Seine Strömung ist mäßig. Und schon hat Regine den Badeanzug an und klettert ins Wasser. Es steht ihr bis über die Hüfte. Noch zögere ich: Soll ich oder soll ich nicht? Sie lockt und lockt. Also gut, ich überwinde mich, ziehe mich um und rutsche auch in die Kälte hinunter. Ich schnappe nach Luft. Aber bald überwiegt der Spaß. Wie ausgelassene Kinder planschen wir herum. Hinter dem Schilf hören wir Kühe schnaufen.

„Als wir noch keinen Strom hatten, hab ich hier während der Sommerzeit immer meine Wäsche gewaschen", berichtet Regine.

Sie hilft mir aus dem Wasser. Wir ziehen uns, gedeckt von den Binsen, wieder an und wandern zu den Lopez-Brüdern hinüber. Bisher habe ich Regine immer nur erzählen hören, wie schön es bei ihnen sei. Jetzt kann ich mich davon überzeugen, daß es stimmt. Vor der Hütte wirft ein großer Apfelbaum seinen

Schatten. Pancho begrüßt uns in sichtlicher Freude, ruft seinen Bruder, trägt selbstgemachte Stühle aus dem Haus, stellt sie unter die Zweige. Nein, in die Hütte werden wir nicht gebeten. Das Mapuche-Leben spielt sich im Sommer überwiegend im Freien ab.

Da sitzen wir also und trinken Panchos Apfel-Chicha. Wohin man auch sieht, ziehen sich Wiesen und Wäldchen hangaufwärts. Im Hintergrund rauscht der Bach, grunzen Schweine, um uns herum pickt eine Schar Hühner, über uns neigen sich die Zweige des Apfelbaumes. Die Brüder haben eine Apfelpresse. Auch Leute aus der Nachbarschaft, sogar aus Carahue, lassen bei ihnen ihre Äpfel pressen. Aber es gibt viel Ärger.

„Da behaupten manche, sie zahlen später", klagt David, „aber dann zahlen sie doch nicht, kommen mit Ausreden, verziehen an einen unbekannten Ort ..."

Regine bittet David, mir eine Spielzeug-Carrete zu zeigen, die er selbst gemacht hat. Er holt sie. Ich muß Regine Recht geben: Sie gefällt mir ehrlich sehr gut. Ich will wissen, ob es keine Gelegenheit gibt, solche Holzspielsachen zu verkaufen. Er zuckt mit den Schultern. Er habe es schon versucht. Aber man wolle dafür noch nicht einmal so viel geben, wie das Material gekostet hat. Da verschenke er die Sachen lieber.

Ich betrachte Panchos Stühle.

„Könntest du dich nicht auf Möbelbau spezialisieren?" fragt ihn Regine. „Möbel werden immer gebraucht."

Er schüttelt den Kopf: „Dann hätte ich nicht mehr genug Zeit für meine Tiere."

David berichtet, daß die Besitzerin des gerissenen Schafes den Schaden bezahlt haben wolle, und Pancho jammert. Mir fällt auf, daß ich ihn noch nie habe lachen sehen. Deshalb preise ich diesen wunderschönen Platz, auf dem wir sitzen, die Lage des Hauses, seine prächtigen Stühle. Und ich nehme mir noch einmal fest vor, ihm eines meiner ins Spanische übersetzten Bücher zu schicken, sobald ich wieder daheim in Deutschland sein werde.

Als ich müde zu Bett gehe, ahne ich nicht, daß mich noch vor Ende des Tages eine Überraschung der besonderen Art erwartet. Während ich, schon im Bett, im Schein der Nachttischlampe Tagebuch schreibe, wird es rings um mich lebendig. Wäre ich nicht so vertieft in diese Tätigkeit, hätte ich schon früher das Geraschel an der Wand vernommen. Erst als es um die Lampe zu schwirren beginnt, schaue ich auf und will meinen Augen nicht trauen: Ganze Ketten von mottenartigen Insekten mit durchsichtigen Flügeln krabbeln immer zu zweit über dem Kopfende meines Bettes an der Wand entlang, sind auch schon auf der Decke, nähern sich dem Kopfkissen: rötlichgelb, etwa eineinhalb Zentimeter lang, die Flügel um einen Zentimeter länger.

Was tun? Regine wecken? Auf keinen Fall. Es geht ja nicht auf Leben und Tod. Ich angle mir ein Tempotaschentuch aus meinem Koffer und beginne die kleinen Biester Stück für Stück plattzudrücken. Zum Glück kriechen sie nicht über eine weiße Tapete, sondern über eine Holzwand, die sicher schon ganz andere Dinge erlebt hat als eine Invasion harmloser Insekten. Manche der Leichen bleiben an ihr kleben, die meisten fallen unter das Bett. Habe ich die eine Wand frei, sind inzwischen auf der Wand an der Längsseite des Bettes schon wieder neue Ketten aufgetaucht. Es ist eine Sisyphusarbeit! Habe ich es mal geschafft, beide Wände „sauber" zu haben, ziehen die nächsten Karawanen schon über die Bettdecke. Ich springe auf, öffne das Fenster und schüttle sie nach draußen aus.

Da fällt mir ein, daß vielleicht das Licht schuld an dieser Invasion ist. Ich schließe das Fenster, knipse die Lampe aus und krieche ganz unter die Decke. Das letzte Geraschel, das mir ins Bewußtsein dringt, kommt aus den Falten meines Nachthemdes.

# 16

Montag – Patiententag. Frühes Getrommel. Die unliebsamen Nachtbesucher sind wie weggeblasen. Nur noch die Leichenteile kleben an der Wand und die Toten liegen in Häufchen unter dem Bett. Auch im Kinderzimmer und im Elternschlafzimmer sind sie erschienen, auch drüben bei Abuelita Juana und Claudia. Alle zur selben Zeit. Niemand regt sich darüber auf. Wie ich erfahre, kommen sie jedes Jahr, immer alle gleichzeitig, und sind ein paar Stunden später wieder verschwunden. Keiner weiß, um welche Art von Insekten es sich dabei handelt.

Eine Patientin kam schon früh an. Ich lerne sie beim Frühstück kennen. Sonia heißt sie. Im Lauf des Tages erzählt sie mir, daß sie 28 Jahre alt sei und keinen Mann, aber eine elfjährige Tochter habe. Ihrem Verhalten und ihrer Kleidung nach zu urteilen, scheint sie in sehr bescheidenen Verhältnissen zu leben. Für Regine – das merke ich gleich in den ersten Tagen meines Aufenthalts und merke es wieder und wieder – ist das völlig unwichtig. Für sie gilt nur der Mensch. Das heißt, sie wertet nur seine charakterlichen Qualitäten. Hätte sie nicht die Fähigkeit, diese Priorität zu setzen, könnte sie ihr Quillem-Alto-Dasein, wo sie nur unter Mapuche lebt, die ihr – außer Victor – bildungsmäßig weit unterlegen sind, auf die Dauer kaum durchhalten.

Die Kosten für die Behandlung, für unsereinen lächerlich niedrig, hat Sonia sich wahrscheinlich zusammengespart. Möglicherweise hat sie auch mit Naturalien gezahlt, vielleicht mit Hülsenfrüchten. Sie ist mir sofort sympathisch, obwohl sie sehr ernst und verschlossen zu sein scheint.

Sonia ist nicht das erste Mal hier, erfahre ich von Regine. Ich weiß nicht, wie weit Victor sie über die Gebrechen seiner Patienten informiert. Jedenfalls erzählt sie mir darüber grundsätzlich nichts. Und ich frage nicht danach. Das ist für uns beide selbstverständlich. Ich kann mir aber bald zusammenreimen, daß Sonia nicht an körperlichen Gebrechen leidet, sondern an Depressionen. Den ganzen Vormittag verbringt sie wohl in ihrer winzigen Kammer des Patientenhauses. Erst zum Mittagessen sehe ich sie wieder. Sie soll, wenn ich nicht irre, zwei Wochen bleiben.

Nach dem Frühstück muß ich mich hinlegen. Eine Weile später kommt Victor mit einem Krug, schiebt mir ein Kissen so unter die Schultern, daß mein Kopf nach hinten hängt, legt seine rechte Hand ausgespreizt auf meine Stirn und läßt sie langsam, ständig gespreizt, über den gesamten Nasennebenhöhlenbereich wandern, während er Gebete spricht. Aus dem Gefäß gießt er mir eine Flüssigkeit in beide Nasenlöcher, die bis in den Rachen fließt. Dann belegt er mein ganzes Gesicht mit großen, angefeuchteten Blättern und verläßt das Zimmer. Mit geschlossenem Mund muß ich nun eine Stunde lang den Geruch der Blätter einatmen, ohne ihn wahrnehmen zu können. Als die Zeit abgelaufen ist, nimmt Victor die Blätter von meinem Gesicht und läßt mich noch eine weitere knappe Stunde ruhen. Am nächsten Morgen soll die Behandlung wiederholt werden.

Kaum stehe ich wieder auf, schnuppere ich an einem Fläschchen Zedernspray, das ich mit auf die Reise nahm, weil sein Geruch angeblich unliebsame Insekten wie Flöhe fernhält. Meine Flöhe lassen sich von ihm offensichtlich nicht beeindrucken. Aber ich glaube in meiner angestauten Erwartungshaltung, ihn wahrnehmen zu können. Nur ein bißchen, aber eben doch!

Ich laufe hinaus und rieche hochgestimmt an den Rosen, zerreibe Kamilleblüten unter meiner Nase, neige mich zum Herzog hinunter und schnüffle an ihm. Nichts. Mein Zedernspray-Erlebnis ist wohl nur Einbildung gewesen.

„Vielleicht braucht es seine Zeit“, meint Regine.

Nun ja. Morgen soll ich noch einmal behandelt werden, morgen werde ich die Rosen riechen können.

Victor schaut nach seinen Kühen, denn noch immer schleicht der Puma durch die Gegend. Gott sei Dank, alle sind noch da.

Wann er seine Patienten behandelt, bekomme ich so gut wie nie mit. Aber ich sehe, daß er Tees und andere Heiltränke auf dem Herd zubereitet. Und manchmal wandert er auch durch die Wiese davon, auf der Suche nach Heilkräutern. Das ist sein Kompetenz- und Tätigkeitsbereich.

Er vermißt jetzt die zweite Patientin, die er auch für die heutige Frühstückszeit herbestellt hätte. Und schon muß er wieder aufbrechen. Er habe, wie er Regine wissen läßt, in Carahue zu tun, fahre dann weiter nach Temuco. Den Lonco nimmt er wieder mit. Er soll sich nicht langweilen hier, soll gute Erinnerungen mitnehmen. Übermorgen kehrt er ja wieder heim.

Victor fährt nach Temuco? Soll ich mitfahren? Ich wollte doch noch einen Blick auf das Haus werfen, in dem ich vor über vierzig Jahren wohnte. Aber schon wirbelt draußen eine Staubwolke auf, schon rumpelt die Camioneta davon.

Kurz vor dem Mittagessen kommt auch die zweite Patientin an. Auf Regines Frage reagiert sie etwas pikiert: Der erste Bus sei ja so früh gefahren. Ein bißchen später anzukommen sei doch nicht schlimm – oder?

Beim gemeinsamen Mittagessen lernen wir Isolina näher kennen. Sie ist irgendwo landeinwärts zwischen den Hügeln daheim. Ihr Bus fuhr in etwa drei Kilometer Entfernung an Victors Anwesen vorbei. Sie mußte von der nächstgelegenen Haltestelle noch bis hierher laufen. Sie trägt eine geblümte Sonntagsbluse mit an den Schultern gepufften Ärmeln zu einem karierten Rock, hat ihr Haar onduliert und tut vornehm. Auch sie wird einige Tage bleiben. Victor hat die Behandlungszeit wie immer im voraus festgelegt.

Regine behandelt Isolina freundlich, obwohl sie mir zwischendurch, als wir allein sind, gesteht, daß sie ihr nicht sehr sympathisch ist. Mir auch nicht. Aber ich bin vorsichtig. Man kann sich in Menschen mächtig irren.

Die beiden so unterschiedlichen Patientinnen haben sich in ihr Kämmerchen zurückgezogen. Die nächste Nacht müssen sie sich einen Raum teilen. Sobald der Lonco abgereist ist, wird jede für sich eine Kammer haben.

„Was zahlt denn ein Patient bei euch pro Tag für Kost und Logis?“ frage ich.

„Etwa 500 Pesos – mehr oder weniger, je nachdem, wieviel er zahlen kann“, antwortet Regine. „Manche läßt Victor auch nur ein paar Naturalien mitbringen. Was sie eben so haben. Die lasse ich dann in meinen Haushalt einfließen.“

500 Pesos. In Carahue zahlte ich für eine Portion Kartoffelchips und einen Tomatensalat 600 Pesos.

Nachdem das Geschirr gewaschen ist, setzen wir uns unter den Pfirsichbaum hinter dem Haus, Regine und ich. Die Kinder sind wieder ausgeschwärmt, wir sind allein. Gleich wird sich die Katze einfinden. Regine blättert ein Album auf, zeigt mir Fotos aus der Anfangszeit. Ich sehe Bilder vom ersten Wohnhaus, das abgebrannt ist, Fotos von den Kindern als Babys.

Meine Gedanken schweifen ab. Ich muß Regine etwas fragen, was mich schon seit einigen Tagen beschäftigt.

„Belastet dich eigentlich diese fast ständige Anwesenheit von Patienten nicht? Sie sind hier doch integriert. Ihr bezieht sie in euer Leben ein ...“

Sie nickt: „Das ist manchmal schon nervig. Aber es gehört eben mit dazu. Das habe ich vorher gewußt, und ich habe mich darauf eingelassen.“

„In Deutschland“, sage ich, „wäre es unvorstellbar, daß ein Arzt seine Patienten während der Behandlung in seinen Privathaushalt aufnimmt.“

„In Deutschland, in Deutschland!“, kontert sie gereizt.

Irgendwoher miaut es. Und schon ist die Katze da, springt auf die Bank und reibt sich an meinem Rücken. Ich kraule sie.

„Wäre es denn nicht möglich“, schlage ich vor, „irgendwo am entgegengesetzten Ende eures Grundstücks ein kleines Haus mit mehreren Zimmern, Kochecke und Eßraum zu errichten, ein

Plumpsklo daneben. Eine Art Gästehaus oder Pension auf einfachstem Niveau. Vor allem müßten die Kosten für die Patienten niedrig gehalten werden. Eine Frau aus der Comunidad könnte für ein bescheidenes Gehalt deren Versorgung übernehmen. Das würde für dich eine große Arbeitsentlastung bedeuten, und du hättest nicht so oft fremde Leute mit im Haus."

Den finanziellen Aspekt erwähne ich erst gar nicht.

Regine reagiert erschrocken: „Das geht doch nicht! Der Kranke muß während der Behandlung nahe bei dem Rehue sein! Auf keinen Fall darf er isoliert werden! Er muß sich wohlfühlen, muß sich mit jemandem austauschen können, wenn ihm danach ist, muß sozial eingebunden sein, eingebunden in menschliche Wärme, muß das Gefühl haben, daß er gemocht wird, daß er seine Wichtigkeit hat! Machi und Patient gehören zusammen. Man kann sie nicht in getrennte Bereiche auseinanderreißen!"

Ich merke, daß ich mich außerhalb ihrer Welt befinde. Regine merkt das auch. Sie versucht, mir ihre Welt nahe zu bringen: „Die moderne Schulmedizin wird immer abhängiger von der Technik, immer anonymer. Gerade das, was sie damit verliert, ist für die Mapuche-Heilkunde am wichtigsten. Für den Machi ist nicht nur die Lunge oder die Nase eines Patienten interessant. Der Patient steht als ganze Person im Mittelpunkt. Ich bin davon überzeugt, daß sein Gefühl, von Menschen umgeben zu sein, die ihm zugetan sind und ihm helfen wollen, die Grundvoraussetzung für seine Heilung ist – neben der Einwirkung von Heilmitteln, seinem vollen Vertrauen in den Machi und die Wirkung von Zeremonien. Der Glauben an die Mächte spielt dabei natürlich auch eine Rolle."

Mir liegt eine Frage auf der Zunge, aber Regine ist in Fahrt.

„Das Wort Krankheit existiert in der Mapuche-Sprache nicht. Man spricht von dem Schmerz. Es muß nicht unbedingt der körperliche Schmerz sein, sondern er schließt die Lebensgemeinschaft und die Familie des Patienten, ihn selbst und alles, was ihn umgibt, mit ein. Wenn der Mensch aus dem inneren und sozialen Gleichgewicht geraten ist, erkrankt er viel leichter. Nicht er sagt dem Machi, was ihm fehlt, sondern der Machi, der die Leiden des Patienten und Probleme im sozialen Umfeld erkennt, sagt es ihm."

Seele und Körper müssen also zusammen gesunden, können nicht getrennt werden. Ich erkenne, daß der Machi nicht nur Körperheiler, sondern auch Psychologe sein muß. Unsere guten alten Landärzte, die ihre Patienten und deren Umfeld genau kannten, waren das oft auch.

„Die Werte der Mapuche-Medizin basieren auf dem Respekt vor der Natur", erklärt Regine. „Der Mensch ist den Kräften der Natur gleichgestellt. Sonne, Wasser, Tiere, Pflanzen, Steine, Menschen – alles ist gleichwertig, alles ist Sein. Und alle Dinge in der Natur haben ihre Aufgaben. Dem Menschen ist aufgetragen, im Einklang mit der Natur zu leben."

Die Katze ist wieder auf der Bank und schnurrt.

„Und die Mächte?" frage ich. „Du hast sie in den Tagen, während ich hier war, oft erwähnt. Erzähl mir von ihnen!"

„Alle Elemente der Natur, des Universums, leben und besitzen eine Macht oder Kraft. Alle diese Mächte sollen in Harmonie und Gleichgewicht leben und stehen in Verbindung miteinander. Keine Macht ist stärker als die andere.

Der Machi hat die Fähigkeit, mit den Mächten über den Trancezustand Verbindung aufzunehmen und mit ihnen zu kommunizieren. Er kann sie anrufen und um Hilfe bitten, aber auch von ihnen vieles erfahren. Zum Beispiel, warum ein Patient krank ist, wo der Ursprung liegt, welche Beschwerden er hat, wie sein soziales Umfeld aussieht und welche Heilmethoden angewendet werden müssen, um ihn wieder zu heilen. Nicht alle Machis haben Kontakt zu den gleichen Mächten. Deshalb verfügen sie auch über verschiedene spezifische Heilfähigkeiten.

Die Mächte beschützen den Machi, überbringen ihm über Träume Wissen und Vorhersagen, können ihn aber auch zurechtweisen durch Krankheiten, wenn er ihnen nicht folgt."

Der Herzog späht um die Hausecke. Die Katze verschwindet mit einem Satz.

„Glaubst du an die Mächte der Mapuche?“ frage ich.

Regine denkt nach.

„Ich glaube schon“, sagt sie nachdenklich. „Auf jeden Fall überzeugt mich die traditionelle Heilpraxis der Mapuche. Ich vertraue ihr ganz. Was den religiösen Überbau und die damit zusammenhängenden Traditionen der Mapuche betrifft, fühle ich mich erst am Anfang des Wissens, und je mehr ich darüber erfahre, um so umfangreicher erscheint mir der Bereich, von dem ich noch nichts weiß. Ich bemühe mich noch immer, mein Wissen über diese Dinge zu erweitern. Im vorletzten Jahr habe ich an einem Kurs über interkulturelle Medizin an der Uni teilgenommen, bei dem Victor einer meiner Lehrer war. Bei diesem Kurs habe ich die Umstände genutzt, all das zu fragen, worauf ich hier zu Hause von Victor nicht immer Antwort erhalten habe. Und ich plane auch, die Grundbegriffe der Mapuche-Sprache zu erlernen. Aber ich lasse mich nicht mehr von dem Willen antreiben, alles unbedingt zu begreifen, und zwar sofort. Das ist unmöglich – oder man belügt sich selbst. Ich kann jetzt viele offene Fragen einfach stehenlassen ...“

Die Kinder fegen um die Ecke und verlangen Regines Aufmerksamkeit. Sie geht ins Haus.

Ja, offene Fragen stehenlassen können. Das ist ein Lernprozeß, der um so intensiver ist, je älter und bescheidener man wird. Ich blättere das Album weiter durch, bleibe an Fotos von Regines Eltern hängen. Sie machen auf mich den Eindruck, als könnte ich mich gut mit ihnen verstehen. Ich nehme mir vor, sie nach meiner Rückkehr einzuladen.

Sonia erscheint. Mit umwölktem Blick wandert sie um das Haus. Ich lade sie ein, sich zu mir zu setzen, und versuche sie dazu zu bringen, ein bißchen von sich zu erzählen. Aber da kommt nicht viel. Sie bleibt einsilbig. Es dauert nicht lang, und Isolina taucht auf. Auch sie setzt sich zu uns. Sie erzählt, ohne daß ich sie dazu auffordern muß. Bald wissen wir, daß sie neunundvierzig Jahre alt ist, also gut und gern Sonias Mutter sein könnte, und sieben Kinder hat. Das jüngste ist dreizehn Jahre alt und kann schon ein paar Tage allein zu Hause bleiben. Sie erzählt von ihren Kindern. Ihre Gesichtszüge werden dabei ganz weich. Aber die, die schon fort sind, kommen so selten nach Hause. Wie kann man sie dazu bringen, daß sie heimkommen?

Was läßt sich darauf antworten? Höchstens, daß man sie nicht immerzu mit diesem Wunsch bedrängen sollte. Aber noch kenne ich Isolina nicht gut genug, um beurteilen zu können, wie sie diesen Rat aufnehmen würde. Ich übergehe also die Frage und erzähle von mir, von meinem Sohn, von Regine, von ihren Eltern. Dabei geht es auch um Kind-Eltern-Bezüge. Beide Frauen hören gespannt zu.

Mein Blick schweift über den Garten. Eine Wildnis! Auch auf den Beeten, die ich bereits gejätet habe, sprießt es schon wieder. Diese Anlage ständig von Unkraut freizuhalten, überfordert Regines Möglichkeiten. Lust und Kraft hätte sie schon dafür, aber nicht genug Zeit. Kurzentschlossen stehe ich auf, denn der Rest des Tages läßt sich hinter dem Gartenzaun für nutzbringende Arbeit verwenden.

„Sie entschuldigen mich, ja? Ich will noch ein bißchen im Garten jäten. Regine schafft das nicht allein."

Ich schleife ein paar ineinandergeschichtete Eimer aus der Gartenecke zu einem der Beete und beginne zu jäten. Drüben unter dem Pfirsichbaum schweigen sich die beiden Frauen an. Auf einmal steht Sonia auf, verschwindet in Richtung Patientenhäuschen und kehrt nach einer Weile ohne Strümpfe zurück. Und schon ist sie im Garten, greift sich auch einen Eimer und jätet mit. Sie sucht sich das Beet mit den Malven aus und reinigt es mit geübten Griffen von wucherndem Schlinggewächs. Ich staune: Sie arbeitet doppelt so schnell wie ich!

Als ich zum Pfirsichbaum hinüberschaue, ist Isolinas Platz leer. Kurze Zeit später ist auch sie im Garten. Zu dritt arbeiten wir, daß es nur so dampft. Die Stimmung wird heiter, wir spielen uns aufeinander ein, jeder hat seinen Jät-Stil, es gibt Anlaß zu lachen. Wenn ich mich Sonia auch näher fühle, finde ich Isolina doch gar nicht mehr unsympathisch.

Schade, daß der Lonco noch nicht wieder zurück ist. Ich habe ihn doch als so guten Eimer-über-den-Zaun-Auskipper kennengelernt! Aber es klappt auch ohne ihn. Wir machen die Behälter nur so voll, daß wir sie, ohne uns zu überanstrengen, über den Maschendrahtzaun kippen können. Ob wir es schaffen, den Garten bis zum Abend wenigstens einigermaßen zu säubern?

„Klar!" meint Isolina.

Als Regine zum Abendessen ruft, fehlt nur noch wenig. Nach dem Essen machen wir den Rest. Der Garten ist sauber, sogar die Wege zwischen den Beeten haben wir abgekratzt. Hinter dem rückwärtigen Zaun häuft sich welkes Unkraut. Als Regine mit den Kindern ins Badehäuschen geht, sieht sie uns gerade die letzten Eimer ausschütten. Sie staunt, und ich genieße es mitzuerleben, wie spontan, fast kindlich sie sich freuen kann. Sie bedankt sich herzlich bei uns. Wie gute Kumpel wünschen wir, das „Jäte-Team", einander eine gute Nacht. Ich bin mir ziemlich sicher, daß sich die beiden Frauen jetzt nicht mehr stumm in ihren Betten gegenüberliegen werden!

Um 21 h geht die Sonne unter. In Patagonien beleuchtet sie jetzt noch die Paine-Türme. Eine Stunde später sind Victor und der Lonco noch immer nicht zu Hause. Wir gehen zu Bett. Ich habe Muskelkater.

## 17

Letzter Tag vor dem Abreisetag. Grund genug, früh aufzuwachen. Noch ist es fast dunkel im Zimmer. Ich will die Lampe anknipsen. Nichts. Der Strom ist wieder mal weg. Um 6 h wandere ich in der Morgendämmerung hinaus aufs Plumpsklo, höre unterwegs Loncos Geschnarch aus dem Patientenhäuschen tönen. Die Männer müssen also irgendwann in der Nacht heimgekommen sein. Ein Silberstreifen zeigt sich am Horizont über dem Friedhof. Punta Arenas liegt schon seit einer Stunde in der Sonne. Als ich das Klo verlasse, höre ich den ersten Vogel zwitschern. Wenn mein Riechorgan funktionieren würde, könnte ich die Ausdünstung des welkenden Unkrauts schnuppern, das zwischen Häuschen und Zaun aufgehäuft liegt.

Heute wird also die zweite Behandlungsprozedur stattfinden. Ein Rest Hoffnung flackert noch. Den kalten Wasserstrahl der Dusche empfange ich inzwischen fast wehmütig. Morgen noch einmal, dann Schluß. Daß es mir offensteht, mich auch daheim kalt zu duschen, dämmert mir erst langsam. Aber wer wird sich freiwillig kalt duschen, wenn er weiß, er kann auch warm?

Es ist alles noch still im Haus. Ich schreibe Tagebuch. Plötzlich höre ich Autogeräusche. Ich schaue hinaus. Victor! Kommt er jetzt erst heim? Aber der Lonco ist doch da! Ich höre Regine im Nebenzimmer aufstehen. Bald erfahre ich, daß Victor mit dem stark angeheiterten Lonco schon um 1 h nachts heimkam. Ich muß so fest geschlafen haben, daß ich nichts davon hörte. Noch bevor ich aufstand, war er schon wieder fortgefahren, um zu schauen, ob noch alle seine Kühe leben. Von dort kommt er jetzt.

Dieser Morgen bietet ein intensives Programm. Während wir frühstücken – der Lonco ist noch nicht in der Lage, am Frühstückstisch zu erscheinen –, kommt ein Metzger mit seinen Helfern angefahren, um zwei Schafe von Victor zu kaufen. Sie fahren zusammen auf die Weide, holen sie und schlachten sie gleich auf dem Schlachtplatz hinter der Ruca. Großzügig bedienen sich die Helfer des Metzgers am Wasserhahn neben dem Patientenhäuschen, obwohl das Wasser im Brunnen so knapp ist. Regine beschwört sie und den Metzger, mit dem Wasser zu sparen. Es versiegt erst, als die Camioneta des Metzgers wieder abgefahren ist.

Victors Anwesenheit ist bei der Schlachterei nicht vonnöten, er widmet sich meiner Nase. Ich fache meine Hoffnung an, konzentriere mich auf sie, verschmelze sie zu einer geballten Ladung. Die zweite Behandlung verläuft ähnlich wie die erste, nur muß ich danach etwas länger liegenbleiben. Mein letztes bißchen Hoffnung zerrinnt, als ich danach an meinem Parfümfläschchen rieche.

Freilich, Victor hat mir vorher gesagt, daß er nicht weiß, ob es ihm gelingen wird, mir den Geruchsinn zurückzugeben. Regine vermutet, daß man die Behandlung vielleicht noch öfter wiederholen müßte, wozu meine Zeit jedoch nicht reicht. Ich könnte mir vorstellen, daß die Behandlung nicht angeschlagen hat, weil ich mich zahlreichen offenen Fragen gegenübersehe. Gewiß, auch ich bin überzeugt, daß es vieles zwischen Himmel und Erde oder – um es mit den Worten der Temucaner Anthropologin auszudrücken – unter dem Meeresspiegel gibt, wovon sich unsereiner nichts träumen läßt. Und ich bin fest davon überzeugt, daß Machi Victors Heilmethoden zu erstaunlichen Heilungen befähigen. Aber mir fehlt der Glauben an die Mächte, so sehr ich mich auch, wenn ich nur an sie glauben könnte, in ihnen geborgen fühlen würde.

Oder ob es einfach nur daran liegt, daß die entsprechenden Zellen, die das Riechen ermöglichen, bei mir bereits tot sind? Ich bin immerhin fast fünfundsiebzig Jahre alt!

Als ich mich vor dem Mittagessen in der Kochecke nützlich machen will, fordert mich Regine hinterhältig auf, den Deckel eines Topfes, der auf der Herdplatte steht, zu heben. Ein blutiger Schafskopf liegt darin. Dessen glasiges, blaues Auge starrt mich an. Hast du mir einen Schrei entlocken wollen, Regine? Auf ihn hast du vergeblich gewartet. Aber an die Nieren geht so ein Anblick schon. Armes Tier. Vor ein paar Stunden kaute es noch Gras, ging es noch in der Herde. So schnell geht das.

Wir essen ohne Victor zu Mittag. Er ist schon wieder in Carahue, wo er an einer Sitzung der Stadtverwaltung teilnimmt.

Regine zeigt uns – auch Abuelita Juana sitzt wieder einmal dabei – und dem Lonco, der, zwar bleich und mit rotgeäderten Augen, nun wieder auf den Beinen stehen kann, voller Freude zwei weiße, auf der Innenseite noch blutige Schaffelle, die sie auf ihre Bitte hin vom Metzger geschenkt bekommen hat. Sie will sie säubern und als Stuhlbezüge oder Bettvorleger verwenden. Sie weiß, daß der Lonco eine Menge vom Säubern von Fellen versteht. Seine Erfahrung will sie sich zunutze machen. Oben neben dem Brunnen sind sie gemeinsam eine ganze Weile eifrig zugange. Als Regine uns danach die Felle zeigt, hängen keine Fleischfetzen mehr an ihnen. Jetzt müssen sie nur noch gründlich gewaschen werden. Dazu wollen wir nach dem Kaffee zu Pancho Lopez' Bach gehen, an unseren Badeplatz.

Beiläufig erzählt Regine, daß sie eben von einer Biene gestochen wurde. Ins Gesicht, zwischen Auge und Nase. Während sie zur Feier des Tages Waffeln backt – morgen um diese Zeit werde ich ja bereits in Santiago sein –, schwillt ihr rechtes Auge schon zu. Sie nimmt es hin als etwas, womit immer zu rechnen ist. Als Ayen sie bestürzt betrachtet, macht sie Witze über ihr Aussehen, das sich immer mehr ins Groteske verändert. Nein, die Freude über das Waffeleisen, das sie im vergangenen Sommer von ihren Kasseler Freunden geschenkt bekam, läßt sie sich durch den Bienenstich nicht vermiesen. Die Waffeln sind ausgezeichnet, wir lassen sie uns schmecken. Außer Victor sind alle um den Tisch versammelt, auch die Kinder, die es offenbar gerochen haben, daß es heute etwas Besonderes gibt.

Schwägerin Claudia mit der kleinen Tochter erscheint. Als sie von dem geplanten Ausflug zum Bach hört, will auch sie dabei sein. Miguel könnte vielleicht mitkommen, mit dem Jeep ...? Dann könnte man mehr Wäsche mitnehmen!

Und schon brechen wir auf. Die Kinder wollen nicht mit, sie spielen gerade mit Nachbarskindern. Oder sind es Claudias Geschwister? Aber die Abuela ist ja da. Sie wird schon ein Auge auf sie haben.

Nicht alle passen in den Jeep. Ich ziehe es vor, zu Fuß zu gehen. Das Wetter ist ja sommerlich heiter, die Landschaft so betörend wie immer, und ich kenne den Pfad, der unten im Tal auf den Weg mündet, den der Jeep nimmt. Isolina und Sonia schließen sich mir an. Miguel mit Claudia und Regine samt Wäsche und Fellen und Badezeug werden nachkommen.

In lebhafter Unterhaltung wandern wir talwärts. Lachend erzählen mir die beiden Gefährtinnen, daß sie eine kurzweilige Nacht hinter sich haben. Erst Loncos nicht undramatische Heimkehr, dann sein Geschnarch. Aber derlei Vorkommnisse scheinen für sie nicht außergewöhnlich zu sein. Und dem Lonco, diesem gutmütigen Menschen, können sie nicht grollen.

Wir klettern über den Koppelzaun, erreichen das Binsenfeld. Und da kommt auch schon der Jeep, Regine winkt uns entstellt zu, im Handumdrehen sind außer Isolina und mir alle bereit zum Baden, haben sich, wie sich zeigt, schon daheim die Badesachen angezogen. Miguel balanciert mit dem Wäschesack über die Bohlen in Richtung Bacharm, Regine tänzelt mit den Fellen hinterher, Claudia und Sonia folgen. Bald sehen wir nur noch ihre Köpfe und Schultern über die Binsen gleiten.

Isolina und ich haben beschlossen, während der Planscherei und Wascherei einen Spaziergang zu machen. Denn Regine hat ja genug Helfer. Wir wandern auf dem unbefestigten Weg weiter, der zum Bach führt, und stehen bald auf einer Bohlenbrücke. Sie verdient nicht viel Vertrauen. Wir können uns vorstellen, daß dieser Bach in den regenreichen Wintern zu einem Fluß anschwillt und immer mal wieder die armselige Brücke mitnimmt. Aber irgendwo in der Nähe wird es eine Furt geben, wo man mit einem Ochsengespann von Ufer zu Ufer kommt, bis die Brücke wieder hergestellt sein wird: gemeinsame Arbeit für die Nachbarn. Jenseits des Baches führt der Weg durch einige Schlammstellen, an deren Rändern wir uns Schritt für Schritt vorantasten.

Ab und zu bleiben wir stehen und schauen uns um. Dieses Tal ist breiter als das andere jenseits von Victors Anwesen. Dort fließt ja auch nur ein Rinnsal, das sich noch nicht einmal „Bach" nennen läßt. Ich erinnere mich an den Spaziergang zum Friedhof: Steil ging es auf der Margaritenwiese hinunter zum Graben, und kaum hatten wir ihn hinter uns, wanderten wir schon wieder bergauf. Hier liegt eine ebene, moorige Wiese zwischen Bach und waldigem Hang. Wir werfen einen Blick zurück, hören Gelächter von der Badestelle in den Binsen herüberschallen. Auch dort erhebt sich der Hang erst hinter einem ebenen Streifen, auf dem sich zwischen Baumgruppen und Gesträuch die Hütte der Lopez-Brüder befinden muß. In diesem weiten Tal läßt sich Vieh gut halten, denn auch in den trockenen Sommern, wenn die Hänge braun werden, gibt es hier Wasser und saftige Weide.

Wir schauen uns um: Kein menschliches Anwesen ist weit und breit zu sehen. Isolinas Blick wird ängstlich, sie spricht vom Puma. Die Angst vor ihm scheint hier ähnlich überhöht zu sein, wie sie noch im 19. Jahrhundert bei uns vor dem Wolf war. Als beruhigende Worte nicht helfen, kehren wir um, passieren die Bohlenbrücke. Hier sind wir unseren Leuten näher. Wir nehmen einen Pfad, der bachaufwärts durch eine üppige Wiese führt, sehen Kühe weiden. Am Hang vor uns liegt ein bescheidenes Mapuche-Anwesen. Das alles beruhigt.

„Glückliche Leute, denen das Wasser nie ausgeht", seufzt Isolina und pflückt einen Strauß Pfefferminze. Sie hält ihn mir unter die Nase. Vergeblich.

Ich mag sie. Wie sehr mich doch der erste Eindruck täuschte! Sie ist nicht dumm, hat Humor, überrascht mit treffenden Bemerkungen, wenn sie erst mal warm geworden ist. Als sie ankam, war sie wohl unsicher gewesen. Unsicherheit – Auslöserin so vieler menschlicher Fehlhandlungen und Mißverständnisse!

Spätnachmittagssonne liegt über der Landschaft. Aber uns ist nicht vergönnt, die Schönheit der Landschaft zu genießen.

Die dicken Stechfliegen, wahre Bomber, stören den Frieden, umkreisen uns, zwingen uns zu rabiater Gegenwehr. Wir kehren um und erreichen den Jeep, als er wieder beladen wird.

Regine zeigt uns die gewaschenen Felle. Jetzt sind sie wunderbar sauber. Sie müssen nur noch trocknen, dann sind sie fertig zum Gebrauch. Wie weiß sie geworden sind! Immer wieder äußert Regine ihre Freude über sie.

Ihr rechtes Auge ist zu. Sie witzelt darüber. Jetzt beginnt auch schon die linke Gesichtshälfte anzuschwellen. Der Jeep fährt ohne sie und Sonia heim. Zu viert wandern wir den Hang hinauf. Als sich Sonia und Isolina angeregt unterhalten, fragt mich Regine: „Was für Vorsätze nimmst du von diesem Besuch mit heim?“

Ich habe keine Antwort bereit. Darüber habe ich noch nicht nachgedacht. Vor lauter Eindrücken kam ich während dieser drei Wochen kaum zum Nachdenken. Vorsätze? Mit ihnen ist es so eine Sache. Bis zu meinem dreißigsten Lebensjahr hatte ich mir in aufgewühlter Stimmung immer wieder vorgenommen, ein besserer Mensch zu werden – und hatte doch erleben müssen, daß mir das nicht gelang. Daß mich meine alten Fehler einholten. Mit anderen Worten: Ich habe im Lauf meines Lebens gelernt, kleinere Brötchen zu backen.

Ja, nun kommen mir doch ein paar Antworten in den Sinn. Victors Zustimmung vorausgesetzt, nehme ich mir vor, mich zu bemühen, ein gutes Buch über Regine und ihre Welt zu schreiben. Und mit vollem Herzen nehme ich den Vorsatz mit heim, solange ich noch kann, das Leben „bis zum Grund zu trinken“. (Hat das nicht Tennyson im „Ulysses“ gesagt?) Zu schlürfen!

Victor ist noch nicht zu Hause, als wir daheim ankommen. Ich werde ihn an diesem Tag nicht mehr sehen. Bald reiht sich die Wäsche bunt am Zaun. Wo hängen die zwei Felle zum Trocknen? Zum Abendessen trinken wir Pfefferminztee, indem wir von Isolinas Strauß, der mitten auf dem Tisch in einer Vase steht, Blätter in unsere Becher zupfen und mit kochendem Wasser übergießen.

Da wir nun schon auf das Blätterzupfen eingestellt sind, sitzen wir danach noch zu viert unter dem Pfirsichbaum und zupfen die dürren Blätter erst von den Oregano-, dann von den Thymianstengeln, die Regine und ich vor etwa zwei Wochen in Zwillingsbündeln im Schuppen zum Trocknen aufgehangen haben. Wir lassen sie in einen großen, aus Holz geschnitzten Teigtrog fallen, den ich schon während der Vorbereitungen für den „Cambio de Canelo" bewundert habe. Neben dem Tisch wächst der Haufen abgezupfter Stengel. Regine füllt für mich zwei Plastiktüten mit Oregano, zum Würzen. Sie weiß, daß ich dieses Gewürz schätze. Die psychisch gestörte Katze, deren Nachwuchs – wenn es ihn überhaupt gibt – noch immer nicht aufgetaucht ist, umstreicht uns und miaut laut in den Abend. Auch der Lonco leistet uns Gesellschaft in seiner lächelnden Schweigsamkeit. Für ihn wie für mich ist es der letzte Abend auf Quillem Alto.

Erst nach Sonnenuntergang werden wir fertig. Ich trage die abgezupften, trockenen Stengel fort, öffne die mit einem Häkchen geschlossene Gartentür und durchquere den Garten. Über einer Art Teppichstange sehe ich zwischen den Beeten die beiden Felle zum Trocknen hängen. Sie schimmern weiß durch die Dämmerung. Ich werfe meine Last, Regines Wunsch entsprechend, auf den Komposthaufen. Dann kehre ich zum Tisch unter dem Pfirsichbaum zurück.

Vor dem Schlafengehen packe ich. Das geht schnell. Mühe habe ich nur damit, den weißen, von Don Juans Frau gestrickten Schafwollpullover unterzubringen, den mir Regine geschenkt hat. Er sei für sie nicht praktisch, denn er werde so schnell schmutzig. Und im Winter trockne ein mit so grober Wolle gestrickter Pullover nur sehr langsam. Meine schwarze Bluse, die so stark gefärbt hat, lasse ich an der Wand hängen, meinen Katzenscheiße-Mantel auch. Er hat seine Schuldigkeit getan. Vielleicht ist er zukünftigen Besuchern als Schutz vor dem Tau auf dem Weg zum Klo willkommen.

Im Halbschlaf höre ich Victor heimkehren.

# 18

Letzter Morgen. Als ich zum Klohäuschen wandere, liegt der Friedhof im Nebel.

Ich bringe das Zimmer in Ordnung und stelle das Gepäck bereit. Der Koffer ist praller geworden und ein Stück ist dazugekommen: der Beutel mit Martins Hut. Ich schreibe noch die letzten Eindrücke des Vortags in mein Tagebuch, als mich Regine zum Frühstück ruft. Victor sitzt auch schon am Tisch. Ich erkenne Regine kaum wieder: Jetzt ist auch ihre andere Gesichtshälfte zugeschwollen. Wenn sich nicht das rechte Auge nun wieder etwas öffnen ließe, könnte sie gar nichts mehr sehen. Klingt ihre Stimme deshalb so umflort?

„Die Felle sind futsch“, seufzt sie.

Was? Die schönen, sauberen Schaffelle? Wieso?

Die Hunde haben sie von der Stange gerissen und sich darüber hergemacht. Das eine sei ganz verschwunden, das andere liege zerrissen unter der Stange. Sie habe die Gartentür doch so sorgfältig geschlossen, mit dem Haken in der Öse. Es sei ihr rätselhaft, wie die Viecher die Tür haben öffnen können ...

Mir dämmert, daß ich nach meinem Gang zum Komposthaufen nicht darauf achtete, die Gartentür zu schließen. Ich habe sie ja fast immer weit offen erlebt. Gewiß, ohne die Felle ist der Garten für die Hunde ja uninteressant!

Es tut mir so leid. Regine hat sich doch so über die Felle gefreut, hat ihnen so viel Zeit und Arbeit gewidmet!

„Mach dir keine Vorwürfe“, sagt Regine und wischt ihre und gleichzeitig auch meine Traurigkeit mit einer Handbewegung weg. „Vergiß es. Es gibt so viel Schlimmeres auf der Welt, echt!“

Wohl wahr. Aber ich stelle sie mir vor, wie sie heute morgen aus dem Küchenfenster schaute, die Stange leer sah, mit bangen Ahnungen hinauslief und dann die Fetzen fand. Das muß schon sehr wehgetan haben.

Es bleibt nicht viel Zeit, mich mit dieser ärgerlichen Sache zu beschäftigen, denn der Lonco kommt mit seinem Gepäck aus dem Patientenhäuschen und verabschiedet sich von uns. Er muß früher weg, um den Bus nach Temuco zu erreichen und dort nach nur kurzem Aufenthalt in den Bus nach Argentinien umzusteigen. Die Umarmung ist herzlich. Für mich gehört er fast schon zu Quillem Alto. Ob sich sein „Schmerz“, dessentwegen er als Patient zu Victor kam, inzwischen verflüchtigt hat, weiß ich nicht. Ich will Regine noch fragen, vergesse es aber. Auch für ihn war, wie mir scheint, der Aufenthalt auf Quillem Alto ein Erlebnis. Draußen wartet Miguel mit dem Jeep. Er bringt ihn nach Carahue.

Ich muß Victor noch fragen, was er für die Behandlung bekommt. 5.000 Peso will er haben. Das sind etwa 8 Euro. Ich gebe ihm 10.000 – „für alles das, was Sie während meines Besuchs für mich ausgelegt haben“, empfinde gleichzeitig das Gefühl, mich falsch zu verhalten, ins Schleudern zu kommen, halte den Atem an, was nun passieren wird. Aber er steckt den Schein ein und kommt gleichzeitig auf das Buch zu sprechen, das ich über Regine und ihn und meine Begegnung mit den Mapuche schreiben möchte. Darauf habe ich die ganze Zeit gewartet.

„Ich habe keine Angst davor, daß viele Leute kommen könnten“, sagt er. „Damit werden wir fertig. Aber arbeiten Sie heraus, worauf es uns Mapuche ankommt. Wir leben in und mit und von der Natur. Deshalb brauchen wir mehr Land – das Land, das uns einmal gehört hat.“

Ich verspreche, mein Bestes zu tun.

„Nun gibt es, was dieses Buch betrifft, nur noch zwei offene Fragen“, sage ich. „Macht der Verleger mit? Und: Kriege ich den Stoff literarisch in den Griff?“

Mein Flug geht um 12.30 h von Temuco ab. Um 9.30 h müssen wir aufbrechen. Eine gute Stunde dauert die Fahrt, und eine Stunde vor dem Abflug müssen wir auf dem Flughafen sein. Eine „Pufferstunde“ zusätzlich soll alle eventuellen Zwischenfälle auffangen.

Sonia und Isolina umarmen mich. Während der beiden letzten Tage haben wir so viel gemeinsam unternommen, haben Erfahrungen ausgetauscht und manchen Spaß gehabt, haben einander immer besser kennengelernt. Ich wünsche ihnen einen erfolgreichen Aufenthalt auf Quillem Alto, sie wünschen mir eine gute Heimkehr. Sie werden mir in Erinnerung bleiben, ich ihnen vielleicht auch – als die Alte aus Deutschland.

Während Regine die Kinder für die Fahrt fertig macht, laufe ich zum Haus von Abuelita Juana hinunter, um mich zu verabschieden. Claudia empfängt mich. Ich erfahre von ihr, daß Juana noch schläft. Ich bitte sie, ihr meine herzlichsten Abschiedsgrüße auszurichten. Wir fallen uns in die Arme. Mich überkommt plötzlich mit voller Wucht der Schmerz der Trennung von diesem Stück Erde, diesen so liebenswerten Menschen. Ich muß mich umwenden, um mich ins Taschentuch zu schneuzen.

„Me cuesta salir de aquí", schluchze ich. „Es fällt mir so schwer, von hier fortzugehen ..."

„Hast du dich so sehr eingewöhnt?" fragt sie voller Mitleid.

Als ich wieder den Pfad heraufkomme, ist mein Gepäck schon unter der Plane auf der Pritsche, sitzt Victor schon am Steuer, wischt Regine den Kindern neben sich auf dem Rücksitz die Frühstücksmünder sauber. Wir fahren ab, Sonia und Isolina winken uns nach. Meine Fingernägel sind trotz aller Versuche nicht ganz sauber geworden. Erde und grüner Saft reisen mit. Sie sitzen tief in den Poren.

Ein Sommertag, wie er nicht schöner sein könnte!

Wir halten noch vor dem Anwesen der Imkerin. Victor und Regine gehen schnell hinein, kommen mit ihr heraus. Auch sie verabschiedet sich von mir, dankt mir noch einmal dafür, daß ich ihr das Messer mitgebracht habe, und schenkt mir ein großes Glas Honig. Ich bedanke mich gerührt, frage mich aber gleichzeitig, wie ich es noch in meinem Gepäck unterbringe.

Plötzlich tönt aus dem Haus schreckliches Geschrei – als ob es jemandem ans Leben ginge. Die Frau läuft hastig, aber nicht überrascht und in Panik, zurück ins Haus. Victor gibt Gas, wir fahren weiter.

„Was ist denn da eben passiert?“ frage ich erschrocken.

Regine erzählt mir, daß die Imkerin mit Einverständnis ihres Mannes im vergangenen Jahr nach dem Tod ihrer Schwester deren siebzehnjährige Tochter zu sich genommen habe. Das Mädchen sei psychisch krank, ein schwerer Fall, brauche ständig Aufsicht, gehöre eigentlich in eine psychiatrische Anstalt. Aber das Ehepaar bringe es einfach nicht über sich, die Kranke wegzugeben.

„Ein Schrecken ohne Ende“, seufzt Regine. „Wenn sie mal zu zweit fortgehen wollen, müssen sie jemanden finden, der währenddessen auf sie aufpaßt ...“

Eine Stunde später sind wir in Temuco. Regine zeigt mir von der Straße aus, wo sie und Victor früher, bevor sie nach Quillem Alto zogen, gewohnt haben: in einer winzigen Wohnung in einem bescheidenen Reihenhausviertel am Stadtrand.

Victor fährt am Büro der Mapuche-Organisation vorbei, gibt dort etwas ab, fährt weiter bis zu einer Bank in einem Villenviertel, das mir einmal sehr vertraut gewesen ist, und verabschiedet sich dort von mir mit einer kräftigen Umarmung. Regine setzt sich ans Steuer und verkündet mir, daß wir jetzt noch durch die Porvenir fahren werden, die Straße, in der ich damals ein möbliertes Zimmer bewohnte. So viel Zeit sei noch drin. Ihr Bemühen, mir zum Abschied noch etwas Gutes zu tun, rührt mich. So werde ich es also doch noch einmal sehen, das Einfamilienhaus im Garten, die beiden Fenster „meines“ Zimmers. Das letzte Mal fuhr ich 1994 mit Martin daran vorbei, also vor achteinhalb Jahren.

Aber wir finden es nicht. Das Haus scheint nicht mehr da zu sein – oder ist so umgebaut, daß ich es nicht mehr erkenne. Kein Wunder: Es stammte ja schon aus den vierziger Jahren und genügte den heutigen Ansprüchen nicht mehr.

Eine Stunde vor dem Abflug sind wir auf dem Flughafen. Ich verstaue das Honigglas im Bordcase, checke ein und verabschiede mich von Lifko und Ayen, die etwas zerstreut ihre Wange an meine legen, weil sich draußen vor dem Gebäude gerade etwas Aufregendes ankündigt. Sie wollen miterleben, wie das Flugzeug landet, in dem ich bald sitzen werde. Es kommt von Puerto Montt und fliegt nach Santiago weiter. Vor fünf Tagen kamen wir auch um diese Zeit aus Puerto Montt hier an. Die Kinder pressen ihre Nasen an die große Scheibe.

Regine und ich sprechen nur noch über Belangloses. Ich versichere ihr, daß ich ihre Eltern gleich anrufen werde, wenn ich heimkomme, um ihnen von ihr zu erzählen. Und daß ich es sie so schnell wie möglich wissen lassen werde, ob mein Verleger an einem Buch über sie und ihr Leben interessiert sei.

„Schreib mir auch, ob der Hut paßt", sagt sie lachend.

Zeit zum Abschied. Regine (mit verquollenem Gesicht und Schlitzaugen) wendet sich mir zu. Wir liegen uns lange in den Armen. Während dieser Wochen sind wir uns sehr nahe gekommen. Ich habe ihr für so vieles zu danken!

„Wir gehen dann noch nach oben ins Café und schauen dir nach!" ruft sie mir zu, als ich die Sperre passiere.

Sie muß mit den Kindern die Treppe hinaufgeprescht sein. Mein Flieger steht nahe dem Gebäude. Als ich von der Gangway einen Blick zurückwerfe, sehe ich alle drei oben am Fenster. Ayen steht auf der Fensterbank, Regine hält ihn fest. Auch als ich schon auf meinem Fensterplatz sitze, habe ich sie voll im Blick. Sie aber können mich hinter der Scheibe nicht sehen. Noch fast eine halbe Stunde steht die Maschine vor dem Gebäude, eine qualvolle Zeit für Regine und mich. Ab und zu winkt sie, hält auch die Kinder an zu winken, ohne zu wissen, wo ich sitze. Eigentlich läge es nahe, daß sie nun schon geht. Aber sie bleibt und wartet. Als der Flieger endlich wegrollt, sehe ich alle drei heftig winken. Regine wird sicher noch warten, der Kinder wegen, bis er sich von der Rollbahn lösen und am nördlichen Himmel verschwinden wird.

Ich habe mir einen Platz auf der „Andenseite“ geben lassen. Von hier kann ich die Gebirgskette sehen. Die Schneegipfel schimmern in der Sonne, die Vulkane zeigen ihre dunklen Krater. Aber ich bin nicht in der Stimmung, neugierig hinunter zu starren. Ich bin mit meinen Gedanken noch bei Regine und Victor, ihren Kindern, ihrer Welt. Mir fällt auf einmal ein, daß ich nie erfahren habe, ob der Versuch der Zusammenführung der beiden kleinen Bienenvölker gelungen ist. Das Experiment mit dem Zeitungspapier zwischen den Stöcken. Ich werde Regine in einem meiner Briefe fragen.

In Santiago habe ich über fünf Stunden Aufenthalt. Ich stöbere die Buchhandlungen des Flughafens nach Büchern über die Lebensbedingungen der Mapuche durch. An Bildbänden für Touristen mangelt es nicht. Aber die streifen das Problem nur flüchtig, wenn überhaupt. Bis mein Blick auf einen Titel fällt, der mich aufmerken läßt: EL GRITO MAPUCHE (Der Mapuche-Schrei), verfaßt von dem Chilenen Aníbal Carrera. Er hat eine erstaunliche Wandlung hinter sich. Geboren in Santiago, ehemaliger Offizier des chilenischen Heeres, seit 1987 als erfolgreicher Journalist tätig, davon mehrere Jahre in Temuco, engagiert er sich in diesem Buch für das Volk der Mapuche. Ich kaufe es und vertiefe mich darin, muß manchmal auch das Wörterbuch zu Hilfe nehmen.

Gleich in der Einleitung bleibe ich an einer Passage hängen, die mich packt.

Geschildert wird eine Szene, deren Zeuge ein gewisser Daniel Salinas Muñoz, zur Zeit Direktor einer Zeitung in Angol, im Jahr 1957 im Alter von zehn Jahren in der Nähe von Carahue wurde.

An einem Oktobernachmittag trieb er einige Kälber in Richtung der Parzelle seines Vaters. Als er mit seinen Tieren eine schwankende Holzbrücke passierte, wurde er Zeuge einer Szene, die sein ganzes späteres Leben prägte. Etwa fünf Meter unterhalb der Brücke, am Ufer eines Baches, lag ein trockener

Holzstamm, an den ein etwa fünfzig Jahre alter Mapuche so gefesselt war, daß er sich nicht rühren konnte. Zwei Polizisten, zwei Zivilisten, die Aktenbündel in den Händen hielten, und der Besitzer einer der Farmen der Umgebung – Salinas erinnert sich nicht an seinen Namen – umringten ihn. Immer wieder hoben die Polizisten das Ende des Stammes hoch und tauchten damit den Kopf des Mapuche am anderen Ende des Stammes in den Bach.

„Wirst du unterschreiben oder nicht?" fragte ihn einer der Zivilisten jedes Mal, wenn sie sein Gesicht, das bereits bereits blau angelaufen war, aus dem Wasser auftauchen ließen. Es gelang dem Opfer, den Kopf zu schütteln. Diese Prozedur wiederholte sich, bis der Mapuche das Bewußtsein verlor. Auf ein Zeichen des Großgrundbesitzers machten sich die Zivilisten daran, den rechten Daumen des Gefesselten einzufärben und ihn auf einige der Papiere zu drücken. Kurz danach verließen die fünf Männer den Ort des Geschehens ohne sich weiter um den an den Stamm gefesselten, bewußtlosen Mapuche zu kümmern.

Salinas ließ seine Kälber im Stich und floh, außer sich vor Entsetzen. Er rannte zu seinem Vater und erzählte ihm alles, was er beobachtet hatte.

„So rauben sie den Mapuche das Land, diese Hurensöhne!" kommentierte verbittert und wütend Vater Salinas das Geschehnis und machte sich mit anderen Landleuten auf den Weg, den Mann zu befreien. Aus naheliegenden Gründen wagten sie nicht, irgend jemanden zu beschuldigen.

Ich halte den Atem an: Im Jahr 1957 lebte ich in Temuco, etwa 70 km von diesem Tatort entfernt. Nie ist mir damals zu Ohren gekommen, wie unmenschlich man mit der Urbevölkerung Chiles umging. Ich vermute, daß kein einziger der damaligen Schüler der deutschen Schule von diesen Ungeheuerlichkeiten wußte. Sie wurden totgeschwiegen, verdrängt, im schlimmsten Fall abgestritten.

Und was wurde aus dem Zehnjährigen? Darüber gibt der Autor des Buches klare Auskunft: Im Jahr 1962 trat Salinas in die Sozialistische Partei ein und wurde 1973 Abgeordneter. Während seiner kurzen Laufbahn als Parlamentarier war er glühender Verteidiger der Mapuche-Rechte. Deshalb wurde er nach dem Militärputsch von 1973 gesucht als „höchstgefährliches Element“ (...) Es gelang ihm, nach Frankreich zu fliehen.

Ich höre auf zu lesen, starre ins Leere und denke an die vielen Mapuche, die ich auf Quillem Alto kennengelernt habe. Sie alle sind mehr oder minder Opfer der damaligen Rechtlosigkeit, leiden an Landarmut, können sich nur mühsam über Wasser halten. Und noch immer werden ihnen fundamentale Rechte vorenthalten, werden sie, wenn sie um sie kämpfen, in die Ecke der Terroristen geschoben.

Deine Söhne können stolz auf dich sein, Victor! Auch wenn du vielleicht auf verlorenem Posten kämpfst ...

Abends um 20 h fliege ich von Santiago ab – nachdem die Nagelschere wieder beschlagnahmt wurde. Am nächsten Tag – es ist Donnerstag, der 16. Januar 2003 – komme ich auf dem Flughafen Frankfurt Rhein/Main kurz nach 17 h an. Mein Sohn erwartet mich, er schaut gerade in eine andere Richtung, als ich komme. Auch einer, dem ich vertraue, auf den ich mich blind verlassen kann. Ich möchte auf ihn zufliegen. Meine vierundsiebzig Lebensjahre bremsen mich ab. Er strahlt, als er mich sieht. Der Hut gefällt ihm sehr und paßt wie angegossen. Er bringt mich heim. Noch am selben Abend steige ich in die Wanne und hoffe, mich auf diese Weise meiner Flöhe zu entledigen.

Am nächsten Tag, Freitag, rufe ich meinen Verleger an, erzähle ihm meinen Plan. Er gibt sofort grünes Licht. Ich setze mich mit Regines Eltern in Verbindung, berichte ihnen von Tochter, Schwiegersohn und Enkeln und lade sie für eines der nächsten Wochenenden ein.

Auf meinem Schreibtisch stapelt sich die Post. Diese ersten Heimkehrtage bringen mich aus der Puste. Erst am Samstagabend komme ich dazu, Regine zu schreiben. Es wird ein Dankbrief, sozusagen mit Herzblut geschrieben, in dem ich ihr unter anderem auch mitteile, daß der Hut paßt und der Verleger einverstanden ist, daß ich Fotos für das Buch brauche, daß ich es in den nächsten Tagen zu schreiben beginnen werde, und daß ich diesmal die Nagelschere in Frankfurt nicht zurückbekam. Man konnte das verdammte kleine Ding nicht finden, und ich wollte nicht noch länger warten. Und natürlich, daß mich ihre geduldige Warterei auf dem Flughafen Temuco sehr angerührt habe. Was macht das Auge? Und herzliche Grüße an alle, alle!

Fast gleichzeitig schicke ich auch die Bücher ab: zwei für Ayen (Bilderbücher), zwei für Lifko. Regine wird sie ihnen vorlesen. Auch für sie ist eins dabei. Und zwei in spanischer Übersetzung für Pancho López.

## 19

Eine gute Woche später kommt ein Brief von ihr an. Ein Sonntagsbrief.

*19.01.03*

*Liebe Gudrun,*
*ach, ist die Zeit mit Dir so schnell vergangen, und es war wirklich sooo schön! Für mich ist es ein großes Geschenk, Dich kennengelernt zu haben. Weißt Du, so ganz sicher konnten wir ja nicht sein, wie wir die drei Wochen zusammen verbringen, weil wir uns ja kaum kannten. Aber da war was gleich von Anfang an da, so was wie „Liebe auf den ersten Blick", und deshalb haben wir es wohl auch beide gewagt.*

*Du hast mich mit einem Gefühl tiefer Freude zurückgelassen, und ich habe das Gefühl, daß wir uns schon unendlich lange kennen ... Du bist noch so unendlich jung in deinem Herzen! Ich schätze Dich wegen deiner Lebenserfahrung als Vierundsiebzigjährige und gleichzeitig kamst Du mir manchmal so gleichaltrig vor. Deshalb habe ich mir auch die Freiheit genommen, mit dir auf eine Weise umzugehen, die ich mich sonst bei so großen Altersunterschieden nicht getraue. Du warst ein so unkomplizierter Gast, und ich habe es sehr genossen, daß Du Spanisch sprichst und nicht auf mich angewiesen warst. Daß Du kommunizieren konntest mit wem und wann Du wolltest. Du bist hier gut angekommen ...*

*Gudrun, all das hätte ich dir gerne persönlich gesagt, aber Du hast ja selber gemerkt, daß es hier zu unruhig war. Auf dem Flughafen hätten wir uns nicht so zu beeilen brauchen ...*

*Ich wollte mich auch noch mal ganz arg für die wunderschöne Reise in den Süden bedanken. Ich habe die Zeit nur genossen. Endlich ist ein langer Traum in Erfüllung gegangen. Für mich war es auch toll, mal wieder ein bißchen weg von hier und der Familie zu kommen. Mich um nichts kümmern zu müssen. Ein bißchen Abenteuer zu schnuppern, um dann wieder zufrieden den Alltag weiterleben zu können. Also, nur daß Du weißt: Ich begleite Dich gerne mal wieder und würde glatt noch mal wieder auf Hutsuche gehen!!!*

*Ja, und nun vermisse ich Dich richtig ein bißchen. Manchmal wünschte ich mir, daß Du plötzlich aus deiner Tür rauskommst! Stell Dir vor, nach Deiner Abreise hat es am folgenden Tag geregnet! Von einem Patienten habe ich fünf Liter Kuhmilch bekommen, Quark gemacht und – rate mal! – was gebacken? QUARKSTRUDEL! Zusammen mit Sonia. Ganz köstlich, aber er ist total aufgeplatzt. Was haben wir wohl falsch gemacht? ... Mit Sonia habe ich einen ganzen Strudel allein verdrückt. Wir haben dabei an Dich gedacht.*

*Gestern habe ich mit meinen Eltern lange telefoniert, und sie haben mir auch von Eurem Telefongespräch erzählt. Wie schön, daß ihr euch bald kennenlernt! ... Sag, und wie war Dein Heimkommen? Ist es nicht auch wieder schön, zu Hause zu sein?*

*Liebe Gudrun, das nur auf die Schnelle. Ich denke noch sehr oft und sehr gerne an Dich und hoffe, daß es Dir im kalten Winter gutgeht und die vielen warmen Momente von hier Dich noch eine Weile von innen aufwärmen ...*

*Regine*

Ich antworte per Fax und sicherheitshalber auch per Brief, dem ich einen 50-Euro-Schein für die Fotos beilege.

Kurze Zeit später bringt der Briefbote ein Päckchen. Es kommt aus Chile: ein Album von Regine mit Fotos, die zum größten Teil während meines Besuches entstanden sind: Ansichten von Haus und Garten, Szenen von Silvester und Neujahr mit Großfamilie Rain am Meer, Bilder von Landschaften im Nationalpark und skurrilen Schaufenstern in Puerto Natales, über die wir uns amüsierten, als wir davorstanden. Auch ich bin zu sehen: mit dem Lonco neben dem Komposthaufen. Und auf dem letzten Foto im Album, einem großformatigen, sitze ich klein und einsam in fast düsterem Licht auf einem Baumstamm am Meer und schreibe Tagebuch.

Was für ein Geschenk! Persönlicher könnte es nicht sein. Ich bedanke mich sofort bei ihr, schicke ihr auch das Rezept für Quarkstrudel mit. Die Füllung muß stimmen, damit er nicht aufplatzt!

Am 10. und 11. Februar sind Regines Eltern bei mir zu Besuch. Menschen, mit denen ich schnell warm werde. Die Verläßlichkeit hat Regine von ihnen – und, wenn ich mich nicht täusche, auch das Sich-nicht-Unterkriegenlassen. Der Vater ist ein Jahr älter als ich, die Mutter wesentlich jünger. Sie bringen zwei Aktendeckel voll Rundbriefe mit, die ihnen Regine seit 1990 aus Chile geschickt hat, auch zwei Videocassetten mit Filmaufnahmen von ihren Besuchen in Chile. Voller Liebe und Stolz erzählen sie von dieser Tochter, die von ihren vier Kindern am eigenwilligsten ihren Weg ging. Ja, sie stehen ganz hinter ihr. Regine kann sich auf sie verlassen.

Kaum sind sie wieder abgereist, kommt Post von Regine: ein Rundbrief mit dem Bericht über ihr Leben im Jahr 2002, den sie jedes Jahr an alle ihre Freunde und Verwandten verschickt. Einige Passagen aus ihm wecken bei mir lebhafte Erinnerungen an Quillem Alto, andere gehen mir nahe, weil sie von Regines Wesen zeugen:

*... Ich glaube der größte Wunsch, den ich im Moment für uns alle habe, ist, daß Bush doch noch zur Vernunft kommt und keinen Krieg gegen den Irak führt. Manchmal fühle ich mich unwohl, weil ich nicht weiß, was ich tun kann, um dem ganzen Machtgehabe, Haß und Krieg etwas entgegenzustellen. Wir sehen die Nachrichten im Fernsehen und sind betroffen und tun nichts. Vielleicht kann ich nicht mehr tun als mir vorzunehmen, mit mir und meinem Umfeld freundlicher und geduldiger umzugehen? Wie nichtig sind viele unsere kleinen Ärgernisse im Vergleich zu all den Bedrohungen, die in anderen Teilen der Welt herrschen.*

*Und dann muß ich das Pistolengeschieße von Lifko und Ayen mitansehen und weiß nicht, inwieweit ich ihnen da Einhalt gebieten soll. Sollen sie sich lieber jetzt als Kinder austoben, damit sie das später nicht in Wirklichkeit machen wollen? ... Lifko sagt dann immer: „Wir spielen doch Mapuche, die sich von den Spaniern befreien. Man darf um die Freiheit kämpfen!"*

*Lifko kommt jetzt nach den Sommerferien in die 4. Klasse, und Ayen genießt noch seine Freiheiten hier zu Haus ... Er hat jetzt das Fahrradfahren gelernt und ist gleich zu einem Geländefahrer geworden. Lifko hat einen kleinen Motor aus einem Radio rausgeschraubt und entdeckt, daß er mit Batterien einen Propeller betreiben kann ... Ansonsten spielen bei ihm seine Oberarmmuskeln eine wichtige Rolle, die er zur Schau stellt, indem er die Ärmel seines T-Shirts abgeschnitten hat. Natürlich prangen da auch noch tollste Tattoo-Aufkleber drauf. Für mich als Mutter nicht immer einfach mit anzusehen. Seine liebenswerten Seiten helfen mir, mit seinen anderen Vorstellungen und Idealen umgehen zu können.*

*Lifkos neuer Lehrer macht uns jetzt große Sorgen, weil wir ihn für völlig unfähig halten. Das fängt schon damit an, daß er die Rechtschreibung nicht beherrscht. Die anderen Eltern sind ihm gegenüber nicht kritisch eingestellt ... Es ist nicht einfach, an höherer Stelle zu reklamieren, weil auch da ein unfähiger*

*Mann sitzt. (Victor kennt ihn vom Stadtrat.) Die Alternative, Lifko ins Internat zu schicken, ist für uns im Moment indiskutabel. Und doch müssen wir etwas unternehmen.*

*Victor ist nach wie vor total viel unterwegs, völlig verstrickt in seine Arbeit in Temuco in der Kommission „Historische Wahrheit", die ihm immer noch sehr viel Spaß macht, ihn aber auch erschöpft. Der Unterricht an der Schule in Chol Chol geht auch weiter. Während des Jahres brachte er über einige Wochenenden Gruppen von vier bis fünf Schülern mit nach Hause, damit sie mit ihm Heilpflanzen suchen und identifizieren lernen und an Heilzeremonien teilnehmen, um so eine konkretere Vorstellung von dem zu bekommen, was er in der Schule unterrichtet. Obwohl die meisten Schüler Mapuche sind und vom Land kommen, haben sie noch nie an Zeremonien teilgenommen. Ansonsten vergehen wenige Wochen im Jahr, in denen wir keine Patienten hier haben. Das finde ich manchmal ein bißchen anstrengend, aber ich bin davon überzeugt, daß diese Art von Medizin und Unterbringung die richtige ist, um wieder gesunden zu können.*

*Im März hatten wir wieder ein großes Nguillatún (Zeremonie) in der Comunidad, bei der ich dieses Jahr viel Lob von Mapuche-Feunden bekam. Das tut mir natürlich gut. Für mich sind diese arbeitsreichen Festlichkeiten zum Glück immer leichter zu bewältigen. Dieses Jahr habe ich auch zum ersten Mal 60 Liter Mudai gemacht, ein Getränk aus gekochtem und kleingeriebenem Weizen, der mit ein bißchen Hefe angesetzt wird. Der Mudai wird den Leuten während der Zeremonie und den Tänzen angeboten. Diese Aufgabe haben wir diesmal den Kindern überlassen.*

*Im November nahmen wir teil an einem Nguillatún in der Nachbar-Comunidad, um den Regen zu stoppen, der vielen Leuten die Saat in Flußnähe weggeschwemmt hat und keine Möglichkeit ließ, spätere Saaten wie Bohnen und Erbsen zu säen. Jetzt, Ende Dezember, hatte Victor wieder seine Zeremonie als Machi bei uns zu Hause, bei der er seine Kräfte erneuert. Mir laufen dabei oft kalte Schauer den Rücken herunter, weil es so besondere und schöne Momente dabei gibt. Zum Beispiel bei der Heilzeremonie lag Victor auf dem Boden und um ihn herum saßen ein Machi und fünf Frauen, die alle mit Kultruns getrommelt haben. Das sah wunderschön aus und klang sehr beeindruckend.*

*Lifko wird ein immer besserer Choike-Tänzer (Vogeltanz) und bekommt viel Lob dafür. Die Erleichterung nach der Bewältigung einer so großen Zeremonie ist für mich jedes Mal aufs neue riesengroß. Manchmal kann ich es kaum fassen, daß man fähig sein kann, in einer Nacht ein ganzes Pferd zu verarbeiten! ...*

*Von mir kann ich euch erzählen, daß ich während des Jahres viele Stunden Wolle gesponnen, gefärbt und auch verwoben habe. In der Frauengruppe der Comunidad kommt einmal im Monat die Lehrerin und bringt uns die traditionelle Weberei bei. Es macht großen Spaß und ist eine sehr entspannende Arbeit. Der Kopf wird dabei ganz frei, und die Gedanken können fließen. Dabei ist mir auch der Gedanke gekommen, daß ich alle die Tätigkeiten, die hier zur Kultur und dem Leben gehören, wie Weben, Spinnen, Gartenarbeit, Tierpflege, Töpfern ... ja schon seit meiner Kindheit und Jugend gerne gemacht habe. Ich frage mich manchmal, ob ich deshalb von diesem Leben hier angezogen wurde oder ob ich mich schon in früher Zeit auf meinen Weg hier vorbereitet habe, ohne es zu wissen?*

*Ja, und dann bin ich dieses Jahr in die Imkerei eingestiegen, angeregt von einem Bienenvolk, das schon seit vielen Jahren bei uns in der Hauswand lebt. Inzwischen habe ich vier Bienenkästen und bin wirklich sehr begeistert ... Es ist einfach unglaublich spannend mitzuerleben, wie so ein Bienenvolk organisiert ist ... Ich suche mir auch Rat und Hilfe bei einer Imkerin in der Nähe und habe von ihr schon viel gelernt. Mit Lifko kontrolliere ich jetzt immer die Kästen und finde es schön, daß wir eine gemeinsame Sache haben, die uns Spaß macht. Wer weiß, vielleicht haben wir im Februar schon eigenen Honig?*

*Im Mai erfuhr ich, daß meine Krankenschwesterausbildung hier in Chile definitiv nicht anerkannt wird. Als Alternative wurde mir angeboten, noch mal ganz von vorn anzufangen, das heißt fünf Jahre teures Uni-Studium. Damit ist das Thema erst mal für mich gegessen. Ich habe mich wahnsinnig darüber geärgert, aber jetzt mach' ich mir den Kopf nicht heiß, weil ich ja noch überhaupt kein Bedürfnis habe, mein Landleben hier zu verlassen. Alles kommt doch sowieso zu seiner Zeit.*

*Ja, und seit Dezember haben wir endlich fließend Wasser im Haus. Ein Freund hat uns noch ein Bad gebaut mit einer kalten Dusche. Der größte Schatz ist meine Waschmaschine. Nach zwölf Jahren Handwäsche genieße ich das jetzt. Allerdings sinkt der Wasserspiegel im Brunnen während der Sommermonate oft so, daß auch die Pumpe nicht mehr pumpen kann und wir doch wieder zu Eimer und Handwäsche übergehen müssen. Das ist natürlich ärgerlich, weil man sich viel zu schnell an die neuen Bequemlichkeiten gewöhnt. Aber jetzt sind wir sozusagen vollständig zivilisiert. Schön, diesen Prozeß so nach und nach bewußt miterleben zu können ...*

*Ja, und die letzten drei Wochen kam Gudrun Pausewang zu uns zu Besuch ... Die Zeit war sehr schön und unkompliziert, und ich kann es kaum fassen, daß trotz der 37 Jahre, die zwischen uns liegen, so ein tiefes Verständnis füreinander möglich ist, wo wir uns doch erst kennengelernt haben ...*

Auf die Rückseite des Rundbriefes fügt sie noch ein paar persönliche Zeilen hinzu:

*Liebe Gudrun,*
*ich muß noch sehr viel an Dich denken!*

*Vor zwei Tagen hat die Sau ihre Ferkel bekommen. 14 Stück, davon drei tot. Ich war zum Teil dabei, und es war ein Erlebnis. Ich habe große Hochachtung vor meiner Sau. Wie sie das alles geschafft hat! Ein Ferkel hat sich noch nicht entschieden, ob es auf der Welt bleiben will oder nicht. Ich habe ihm heute ein bißchen Milch eingeträufelt. So süß!*

*Gestern habe ich die Bienen nachgeguckt, und irgendwie waren sie schlechter Laune. Sechs Stiche habe ich abbekommen. Meine Arme und Beine sehen jetzt sehr muskulös und unförmig aus. Aber immer noch besser als ein Stich im Gesicht! Es ist sehr warm jetzt und noch einen Hauch sommerlicher ...*

*Gudrun, geht's Dir gut? Hast Du Dich wieder eingelebt? Ist das Päckle schon angekommen?*

*Laß es dir gut gehen! Deine Regine*

*P.S.: Paßt der Hut?*

Ich stutze: Schon in meinem ersten Brief hatte ich ihr erzählt, daß der Hut paßt. Sie erwähnt weder das erste noch das zweite Schreiben, in dem ich mich für das „Päckle" bedankt habe. Normalerweise braucht ein Brief nach Carahue sechs bis sieben Tage. Auch die Bücher, die ich mit Luftpost schickte, müßten inzwischen längst angekommen sein. Regine muß also annehmen, daß es mich nach meiner Heimkehr bisher noch nicht gedrängt hat, ihr zu schreiben!

Sofort setze ich mich hin und schreibe ihr einen Brandbrief. Er geht noch am selben Tag ab, sowohl als Fax als auch als Brief. Aber von den Eltern erfahre ich, daß Regine sie angerufen und nebenbei auch erzählt habe, daß meine Bücher bei ihr angekommen seien. Wenigstens das. Ich atme auf.

Nach ein paar Tagen erreicht mich ein neuer Brief von Regine, datiert vom 7. Februar 2003. Er enthält die beruhigende Nachricht:

*... Vor ein paar Tagen wurden wir auf der Post mit Bücherpäckchen von Dir überschüttet ... was für eine Riesenfreude! ... Lifko lese ich jetzt „Räuber Grapsch" vor. Genau das Richtige für ihn. Und ich habe in den letzten Tagen „Kinderbesuch" und „Die Freiheit des Ramon Acosta" verschlungen ...*

*Ich lag die letzten Tage krank im Bett mit totaler Erkältung. Ich hatte im wahrsten Sinne des Wortes die Nase voll! Voll vom Land hier. Manchmal verfluche ich es auch. Ich schlage mich mit der Verantwortung für die Ernte herum. Victor ist für zwei Wochen in Argentinien (arbeitsmäßig). Der Hafer ist geschnitten, aber die Dreschmaschine kommt nicht, und es regnet immer wieder! Zuviel Regen läßt den Hafer sprießen ...*

*Meine Sau ist gestern mit ihrer ganzen Kinderschar zu Nachbars ins Weizenfeld gegangen und der Nachbar, völlig außer sich und wütend, hat die Hunde auf die Sau losgelassen und mich danach informiert. Ich aus dem Bett los, um Sau und Ferkel zu holen. Ich hätte nie gedacht, daß sie so weit weggeht, kann den Ärger des Nachbarn verstehen. Aber er hat so übertrieben gelogen, die Sau hätte allen Weizen weggefressen und dort übernachtet. Das ist nicht wahr, ich sperre sie jede Nacht ein.*

*Und jetzt hat sie eine ganz wüste Bißwunde direkt am Anus, es eitert, und ich habe die Sorge, daß sie diese Verletzung nicht übersteht. Morgen muß ich zum Tierarzt und Rat holen. Heute haben ich und die Kinder in eine leere Shampooflasche gepinkelt, damit ich die Wunde der Sau mit Urin behandeln konnte. Die arme Sau!*

Ich erinnere mich dunkel: Daß der Urin eine desinfizierende und heilende Wirkung hat, habe ich in meiner Kindheit auch schon mal gehört. Von alten Frauen im Dorf.

*Unsere Essensvorräte sind auch fast weg, es ist kein Obst, nix Leckeres hier, und wenn man krank ist, will man ja manchmal besondere Dinge. Ja, da siehst Du, es gibt auch Momente, wo Ärgereien und Sorgen auf dem Land sehr lästig sind. Wie gut, daß Lifko ein rührender Krankenpfleger ist. Die Abuela ist keinmal gekommen, um nach mir zu gucken, hat nicht mal ein Süppchen für die Enkelkinder gekocht. Was geht nur in ihr vor?*

Ja, das frage ich mich auch. Wenn sie schon ihrer Schwiegertochter grollt – nun ja. Aber wenigstens ihre beiden Enkelkinder könnte sie versorgen!

*Zum Glück haben wir immer Haferflocken und harina tostada* (geröstetes Schrotmehl – G.P.) *vorrätig. Das können sich die Kinder allein machen. Claudia war in diesen Tagen leider nicht da. Aber heute bin ich wieder mehr auf den Beinen.*

*Ich muß immer noch sehr viel an dich denken. Me cautivaste!* (Du nahmst mich gefangen. – G.P.)

*Gudrun, Pancho Lopez hat sich riesig über die Bücher gefreut und meinte, das wäre ein wahrer „tesoro"* (Schatz - G.P.)! *Dein Brief kam auch an. Ich hoffe, daß mir Miguel heute aus Temuco die Schwarz-Weiß-Filme mitbringt, um die gewünschten Fotos zu machen. Bis Ende Februar müßten sie fertig sein. Ich muß ja auch noch auf Victor warten, bis er zurück ist (17.02.) Ich werde großzügig fotografieren, damit Du gute Auswahl hast. Brauchst Du nur die Fotos oder auch die Negative? ...*

*Sag, bist Du schon am Schreiben? Durchlebst Du noch mal die Zeit hier? Wie schön, daß der Hut paßt. Und nächste Woche lernst Du meine Eltern kennen. Vielleicht kannst Du danach verstehen, woher ich so viel Mut haben konnte mit dieser Rückenstütze!*

*Stell dir vor, zwischen Sonia und David Lopez hat sich eine Romanze angebändelt. Ich würde mich freuen, wenn es klappen würde. Sonia hat Deine schwarze Seidenbluse. Sie färbt nicht mehr.*

*Die Kinder dusche ich jetzt jeden Abend mit kaltem Wasser. Mit wildem Geschrei und Gelächter lassen sie es über sich ergehen.*

*Meine Gedanken sind oft bei Dir. Alles Liebe, Deine Regine*

Am 23.02. erreicht mich ein Fax aus einem „Centro de llamado" in Carahue:

*... Gestern war ich seit langer Zeit wieder mal in Carahue und*

*habe eine reinste Pausewang-Flut genossen. Endlich sind zwei Briefe angekommen, einer mit 50 Euro, und die Kopie von einem Fax ... Große Freude! Und an Dich ist auch schon wieder was unterwegs ... Ja, Du, ich bin froh, daß ich jetzt alle Post von Dir bekommen habe und bin davon überzeugt, daß zur Zeit alles sehr viel langsamer geht, weil hier doch Ferien sind. Ganz Chile ist unterwegs bzw. arbeitet nur das Allernötigste, in der Post ist auch nur schmale Besetzung. Ab März geht's wieder schneller, ganz bestimmt ...*

Ausführlich läßt sie sich über die für das Buch benötigten Fotografien aus. Ich brauche mich um nichts zu kümmern, sie schicke mir eine große Auswahl. Sie habe in Temuco auch Farbfotos abgegeben, um sie schwarz-weiß fotokopieren zu lassen. Und ich erfahre Victors Meinung: Er sei gerade zu dick, um sich fotografieren zu lassen ...!

*Ja, Victor ist wieder da, und ich bin so froh, daß ich jetzt so viel Verantwortung abgeben kann. Außerdem haben wir inzwischen auch gedroschen, also ist die Sorge auch vorbei. Victor kam zufrieden aus Argentinien zurück, alle die Versammlungen verliefen gut, er hat wieder einen Haufen neuer Patienten, die ihn dort regelrecht verfolgt haben. Zum Schluß war er noch bei einer großen Zeremonie dabei. Als er hier ankam, hab' ich erst mal rumgejammert, abgeladen, rausgekotzt. Jetzt geht mir's wieder bedeutend besser. Victor hat sich alles angehört und eingestanden, daß es wirklich eine blöde Zeit war, in der er weg war. Aber es ging nicht anders, da hängen ja so viele andere Leute auch dran. Und Zeremonien haben halt in der Zeit ihre Zeit.*

*Meiner Sau geht's auch wieder gut, ich hab ihr ein tolles Desinfektionsspray gekauft und sie mehrmals behandelt. Sie lief viele Tage mit lila Hintern herum ...*

*Ja Du, und sonst ist es hier die letzten Tage so richtig heiß gewesen. Ich hab' heute bei den Lopez im Bach Wolle und Victors Ponchos und zum Schluß noch mich selbst gewaschen*

*.... Mensch, und weißt Du, was ich ganz schlimm finde? Daß hier die Geschehnisse um den Irak so untergehen. Irgendwie sind wir so weit davon weg, alle Leute sind mit sich selber beschäftigt, (wir ja zum Teil auch mit der Ernte und all dem Drumherum), regen sich nur über die steigenden Benzinpreise auf (oft, ohne zu überlegen, warum die Preise so steigen). Wie gut, daß sich in Deutschland wieder mehr tut.*

Sie spielt mit dem Gedanken, im dortigen Winter, im August, wieder auf ein paar Wochen nach Deutschland kommen zu können.

*Im Prinzip habe ich es in meinem Herzen schon beschlossen, aber ich muß mit Victor darüber reden, obwohl ich weiß, daß er mir keine Steine in den Weg legen wird. Die Vorfreude macht mich schon ganz nervös ...*

*Gudrun, ich freue mich, daß Dir das Album so gefallen hat. Das letzte Foto ist sehr besonders, das finde ich auch ....*

*Das mit Deinem Geruchsinn ist sehr schade, aber Du mit Deiner Fantasie und Deinem guten Erinnerungsvermögen kannst Dich sicher immer noch an alle Gerüche erinnern. Und wenn Du mal wieder an so einem dicken Hundekot vorbeikommst, dann sei froh, daß Du das nicht mehr riechen mußt!*

*Also, liebe Gudrun, sei arg gegrüßt und alles Liebe!*

*Deine Regine*

*P.S.: 1000 Dank für die Strudelrezepte.*
*P.P.S.: Schreibst Du schon an dem Buch?*

Ja, Regine, ich schreibe. Ich vergesse darüber fast, nach den ersten Krokusknospen Ausschau zu halten. Und war da nicht noch irgendwas, wonach ich dich fragen wollte?

Habe ich heute überhaupt zu Mittag gegessen?

ENDE

Bitte beachten Sie auch die folgenden Seiten.

Gudrun Pausewang
**Aufstieg und Untergang der Insel Delfina**
Roman, 440 Seiten

*Zweifellos eines der unterhaltsamsten, phantasievollsten Bücher der Welt.*

Vergessen Sie alles, was Sie zuvor gelesen haben. Dieser Ausnahme-Roman entführt sie in die 600-jährige Geschichte der Karibik-Insel Delfina, auf der das Leben Purzelbäume schlägt. Ein Meilenstein der Buchkultur.

Gudrun Pausewang
**Der Herr des Vulkans**
Roman, 162 Seiten

*Ein kleiner Roman – zum Anbeten schön!*

Die Geschichte des Pepe Amado, dem vermeintlich ein Vulkan geschenkt wird, erschien erstmals 1986 unter dem Titel „Pepe Amado" und ist nun endlich wieder erhältlich. Eines des besten Pausewang-Bücher, hinreißend und berührend erzählt.

Erich Köhler
**Hinter den Bergen**
Roman, 420 Seiten

*Sprachliche Meisterschaft, gepaart mit einer turbulenten Geschichte.*

Deutschland nach dem Kriege. Der Laienprediger Rufeland gründet einen Gottesstaat nach Weise Thomas Münzers. Läuterung durch harte Arbeit, lautet sein Programm; sein Medium ist Alma Teutschke, in der Rufeland die erwählte Jungfrau erblickt. Zwar liegt der neue Gottesstaat versteckt hinter den Bergen, aber doch auf dem Staatsgebiet der jungen DDR, und so schlägt schon bald die sozialistische Wirklichkeit zu.

Wolfgang Bittner
**Marmelsteins Verwandlung**
Roman, 310 Seiten

*Zum ersten Mal als Taschenbuch.*

Fred Marmelstein, Cheflektor eines großen Verlags, veruntreut 2,4 Millionen Mark und setzt sich nach Kanada ab. Doch nicht alles läuft wie geplant: Marmelsteins Geliebte, die ihm zu folgen versprach, läßt auf sich warten. – Bittner legt mit diesem Buch seine ganz persönliche Kritik am Literaturbetrieb vor, und wie immer hat er mit jedem Wort Recht.